주식
농부처럼 투자하라

주식
농부처럼 투자하라

주식농부 **박영옥** 지음

프레너미
FRENEMY PUBLISHING

아름다운 마음으로 기업을 발굴하고

매사에 겸양의 정신으로 파트너를 존중하며

우호적으로 공생공영하는 길을 찾고

영속적 기업의 가치에 근거한 장기투자를 원칙으로 하며

노력한 만큼의 기대수익에 감사하는 마음으로 투자한다.

그래서 자본시장이
서민의 희망이다

바이러스의 공격을 받고 전 세계가 휘청거렸다. '이번에는 정말 다르다. 전대미문의 위기다.' 선진국이라고 여겼던 국가들도 속수무책으로 당했다. 공장이 멈추고 비행기가 멈췄다. 원유 가격이 마이너스가 되는 기현상도 보았다.

2,200선에 있던 코스피 지수는 단숨에 1,400까지 폭락했다. 누군가는 2,000일 때 샀다가 1,800일 때 팔았을 것이다. 또 다른 누군가는 1,600일 때 사서 1,400일 때 팔았을 것이다. 탐욕과 패닉의 반복이었다. 나는 일부 종목을 정리하고 다른 종목의 물량을 늘렸다. 선택과 집중이었다. 최저점에서 1년도 지나지 않은 시점에 코스피

지수는 두 배 넘게 상승했다. 역사상 최고가를 경신한 후 횡보하고 있다. 독자들이 이 책을 읽을 때의 코스피 지수가 어떻게 되어 있을지는 아무도 모른다. 확실한 것은 있다. 지수가 어떻게 되어 있든 나는 자산의 대부분을 우리 기업에 투자하고 있을 거라는 사실이다.

24년 전, 나라가 망했다던 외환위기 사태가 있었다. 20년 전에는 9.11테러가 있었다. 13년 전에는 세계 금융이 무너진다던 글로벌 금융위기가 있었다. 그때마다 전대미문의 위기였다. 이전의 위기와는 완전히 다른, 무시무시한 것이었다.

그러나 세상은 망하지 않았다. 부실한 기업은 사라졌지만 건실한 기업은 더 크게 성장했다. 사라진 기업보다 새롭게 상장된 기업이 훨씬 더 많다. 폭락 속에서도 긍정의 눈을 가진 이들은 기회를 발견했고 자산을 늘렸다.

눈앞에 닥친 위기는 언제나 과대평가되기 마련이다. 위기 그 자체는 기회가 아니다. 그러나 장기적인 안목을 가진다면 기회로 바꿀 수 있다. 긴 안목에서 보면 지금보다 더 좋은 기회가 있을 수 없다. 나는 사람들이 위기상황이라고 부르는 것을 대외변수라고 말한다. 바다에 파도가 없었던 적은 없다. 긴 항해를 하면서 파도를 만나지 않기를 기대할 수는 없다. 핵심은 파도가 아니라 배다. 파도를 이길 배를 탔다면 불안해할 까닭이 없다. 파도를 이길 수 있는 배,

대외변수를 이길 수 있는 기업에 승선하라는 말이다.

어떤 사람들은 지금은 투자할 때가 아니라고 한다. 미국이 금리를 인상하면 해외 자본이 빠져나갈 거라는 전망이다. 또 어떤 사람은 지금 증시는 거품이 많이 끼어 있다고 한다. 최대한 현금을 많이 확보하고 있다가 충분히 하락한 다음에 들어가는 전략이다. 얼마나 하락해야 '충분히' 하락한 것일까. 충분히 하락한 후에 투자한 기업의 주가는 계속 오르는 것일까.

미국이 금리를 인상하면 국내에 있던 자금이 빠져나가는 것은 맞다. 그러면 미국은 왜 금리를 인상하는 것일까. 경기가 호전되고 있다는 것이다. 마구 뿌렸던 돈을 거둬들이면 달러 가치가 올라간다. 달러 강세는 수출기업에게는 호재다. 대미 수출 비중이 높은 중국도 그 덕을 볼 것이다. 대중 수출 비중이 높은 우리도 그 덕을 볼 것이다. 물가가 상승하면서 국민들은 허리띠를 졸라매야겠지만 전체적으로 봤을 때 미국의 금리 인상이 우리 경제에 미치는 영향은 크지 않을 것이라는 게 내 생각이다.

지금 코스피 지수가 거품이라는 의견에도 반대한다. 아직까지 우리나라 기업들은 제대로 평가받지 못하고 있다. 외부적으로는 북한 문제가 있다. 내부적으로는 터무니없이 인색한 배당, 불합리한 지배구조, 불투명한 의사결정 구조 등의 문제가 있다. 북한과는 또 다시 냉랭해졌지만 과거처럼 위험하지는 않다. 배당, 지배구조, 의사결정 구조 역시 느리기는 하지만 조금씩 개선되고 있다. 금융문맹률이 낮아진다면, 그래서 대주주만이 기업의 주인이라는 생각만 바뀌어도 변화의 속도는 빨라질 것이다.

대한민국의 위상은 과거와 다르다. 이미 선진국으로 인식되고 있다. 그래서 나는 지금이 시작이라고 본다. 코리아 디스카운트에서 코리아 프리미엄의 시대로 가고 있다고 생각한다.

코스피 지수가 올라간다고 만사형통은 아니다. 3,000에서 4,000까지 갈 때, 어떤 기업의 주가는 두 배가 오를 수 있다. 또 어떤 기업은 그대로이거나 오히려 하락할 수도 있다. 결국 기업이다. 주가가 오르길 기다리지 말고 기업이 성장하기를 기다려야 한다. 낮은 가격에 사서 높은 가격에 파는 걸 투자의 기본이라고 생각하면 실패하기 쉽다. 내가 투자했을 때보다 기업이 더 성장하면 그때 돈을 버는 것이다. 돈은 기업이 버는 것이다. 기업이 돈을 벌어야 투자자도 돈을 번다. 이게 자본주의의 꽃, 주식시장의 원리이며 투자의 본질이다.

일할 수 있는 기간은 짧아지고 노후는 길어지고 있다. 자영업은 퇴직금의 무덤이 되기 십상이다. 이런 와중에 기업으로 부가 몰리고 있고 투자하지 않는 사람들은 기업의 성장에서 소외되어 있다. 주식시장은 기업 성장의 과실을 공유할 수 있는 좋은 제도다. 투자의 본질을 생각하고 기업과 동행한다는 마음으로 투자한다면 자본시장은 얼마든지 서민의 희망이 될 수 있다.

지난 10년 동안 세계 TOP 10 기업 중 9개가 새로 진입한 기업이다. 국내 역시 삼성전자 외에는 모두 새로운 기업이다. 투자한 사람은 성장을 함께 누렸고 그렇지 않은 사람은 소외되었다. 10년 만에 개정판을 낸다. 그 사이 3권의 책을 더 썼다. 장거리 강연을 마다하지 않았다. 언론에 기고도 많이 했다. 기업과 동행하는 사람이 더욱 많아지기를 바랐다. 일가일사(一家一社), 모든 가정이 한 개 이상의 기업에 투자하는 사회가 되기를 바랐다. 자본주의사회에 살면서 스스로 자본에서 소외되는 일이 없기를 바랐다.

코스피 3,000시대, 이 책이 소통과 동행의 투자 문화를 만드는 데 도움이 되었으면 한다. 말미에는 다른 책에서 썼던 '내 돈이 기업에서 제대로 일하게 하는 방법'을 다시 한 번 요약했다. 원칙을 어기고 싶은 마음이 들 때 긴급 처방약처럼 사용해주시기를 바란다.

주식투자 분투기

눈앞이 캄캄했다. 주가는 폭락에 폭락을 거듭했다. 1996년 5월 1,000포인트까지 올라갔던 코스피 지수가 1997년 연말에는 최저 338포인트까지 떨어졌다. 지수가 1987년 2월 수준까지 내려간 것이다. 우리 국민 모두에게 고통을 주었던 'IMF 사태' 때의 이야기다. 1,000포인트가 300포인트까지 떨어졌다는 것은 10억 원은 3억 원이 되고, 1억 원은 3,000만 원이 되었다는 뜻이다.

1996년 4월 1만 2,000원 하던 대우증권 우선주가 1,200원대까지 떨어졌으니 날벼락도 그런 날벼락이 없었다. 단순히 수치로 보니까 그렇지 자기 재산 1억 원이 3,000만 원이 되었다는 건 하늘이 무너지는 일이다. 주식이 '살아 있는' 경우는 그나마 다행이라 할 수도 있다. 투자한 회사가 도산하는 바람에 깡통계좌가 되어버린 예도 많았다. 적금을 해약하고 빚을 내서 주식을 산 사람들의 가계는 하루아침에 풍비박산 나버렸다.

당시 나는 교보증권 압구정지점장으로 근무하고 있었다. 증권 전문가인 나를 믿고 자산운용을 맡겼던 고객들과 지인들은 큰 손실을 입었다. 나는 증권사의 직원이었고 고객들에게 투자를 권유하는 것이 나의 일이었다. 모든 투자는 항상 손실이 일어날 수 있다. 엄밀하게 따지면 물어줄 의무는 없다. 시장 전체가 폭락의 늪으로 빠져들었으니 내 잘못만은 아니다. 하지만 도의적인 책임, 미안함과 죄책감을 떨쳐버릴 수 없었다. 내가 고객계좌를 관리했으니까 내가 책임을 져야 한다고 생각했다. 또 주변을 서운하지 않게 해야 나중에 내가 돈을 벌어도 떳떳할 수 있을 것 같았다. 그래서 어쩔 수 없이 불효를 하고 말았다. 어머니와 함께 살던 집을 팔아 고객들의 손실을 보전해주었다. 정말 기쁘게 사드린 집이었는데, 달리 방법이 없었다. 다 정리하고 시흥동 변두리에 있는 아파트를 월세로 얻었다. 남은 돈이 그 정도밖에 없었다.

투자연구소와 증권사에서 오랫동안 일을 했음에도 불구하고 그때까지 나는 주식의 원리를 잘못 이해하고 있었다. '과도한 레버리지는 금물이다', '주식은 좋은 기업에 장기투자를 해야 한다', 이렇게 당연한 상식의 힘을 그때는 깨닫지 못하고 있었다. 그저 듣기 좋은 말일 뿐 현실과는 동떨어진 격언이라고 여겼다. 지독한 실패를 경험하고 나서야 주식투자의 본질을 깨달았다. 비로소 '초보 주식농부'가 된 것이다.

비유를 하자면 이전까지는 사냥하듯이 주식투자를 했다. 백수의 왕이라는 사자의 사냥 성공률도 20~30%에 불과하다. 사자는 그렇게만 해도 그럭저럭 생명을 유지할 수 있다. 하지만 주식투자에서는 다르다. 사냥하듯이 목표(종목)를 수시로 바꿔가면서, 그것도 과도한 레버리지와 단기투자의 방식으로 하면 열 번 잘해도 단 한 번의 실패로 자산이 다 날아갈 수 있다.

사냥꾼과 달리 농부는 씨앗을 뿌린다. 김을 매고 해충을 잡는다. 꽃이 피고 진 다음에 열매가 열리면 그것을 수확한다. 사냥꾼은 운이 좋으면 산에 들어가자마자 값나가는 짐승을 잡을 수도 있지만 농사꾼은 항상 일정한 시간이 필요하다. 대신 사냥보다 훨씬 더 안정적이다.

주식농부가 관리해야 할 농작물은 기업이다. 농부가 볍씨를 뿌리고 모내기를 하고 물을 대고 잡초를 뽑고 해충을 잡듯이, 주식농부는 성장 잠재력이 있는 기업에 종잣돈을 뿌리고 기업 현장을 방문하고 경영자를 만나고 소통한다. 농부는 다른 논은 몰라도 자기 논에서 기르는 작물들의 상태는 손바닥 보듯이 훤히 안다. 농부가 작물이 자라는 과정을 보면 올 가을의 수확량을 짐작할 수 있듯이 주식농부도 기업 활동을 꾸준히 지켜보면 몇 년 후 어느 정도의 성과를 낼 것인지 예상할 수 있다.

주식농부가 되기로 한 후 첫 번째 기회가 왔다. 2001년 9.11테러 때였다. 전 세계가 공포에 빠졌고 주가도 단기간에 20~30%씩 떨어졌다. 외환위기 때도 바닥을 모르던 주가가 이후 회복이 되었듯이 이번에도 마찬가지일 거라고 생각했다. 당시 삼성투자증권에서 근무하고 있었는데, 그때가 적기라고 판단하고 개인 전업투자자로 나섰다. 사냥꾼처럼 생각했다면 지금은 시장이 극도로 불안정해서 사냥감을 찾을 시기가 아니니 그냥 집에서 놀자고 했을지도 모른다.

싼값에 좋은 주식의 씨앗들을 사놓고 6개월 정도 농사를 지었다. 그리고 모두 알듯이 주가는 회복이 되었다. 내가 산 주식들 대부분이 2배 내지는 3배까지 뛰었다. 'IMF 사태' 때의 쓰라린 경험이 약이 되었던 셈이다. 농부의 마음으로 주식투자를 한다는 것은 어수룩해 보이고 미련해 보일 수 있지만 결국 그것이 나를 부농으로 만들어주었다.

'만물정관개자득 사시가흥여인동

(萬物靜觀皆自得 四時佳興與人同)'

중국 북송의 유학자 정호(程顥)의 〈추일우성(秋日偶性)〉이란 시의 한 구절이다. 내가 굉장히 좋아하는 시구인데 '만물을 고요히 바라보면 스스로 얻을 것이요, 사계절의 아름다운 흥취를 남들과 함께 한다'라는 뜻이다.

만물정관개자득. 고요하고 평온한 마음으로 사물을 바라보면 그 이치와 흐름을 저절로 알게 된다. 사람의 얼굴도 고요한 마음으로 바라보면 어떤 생각으로 어떻게 살아왔는지 알 수 있다. 주식도 욕심이나 불안에 흔들리지 않고 기업을 고요히 바라보고 소통하면 어떻게 가고 있는지 보인다.

사시가흥여인동. 농부는 혼자만 먹으려고 하지 않는다. 내 밭에 오이가 많이 열리면 팔기도 하지만 이웃과 나눈다. 내 집에서 오이가 담을 넘어가면 저 집에서는 김치라도 담아서 보낸다. 그것이 농부들의 마음이다.

나는 그런 것들이 좋다. 사람들과 함께 나누면서 살고 싶다. 지금까지 주식 농사를 지으면서 과실까지 따본 적은 없는 것 같다. 항상 꽃이 폈을 때 팔았다. 내가 지은 농사, 내 동업자들이 지은 농사의 결실을 나만 먹고자 하지 않았다. 내가 최초에 목표로 했던 주가에 이르면 팔고 나왔다. 대부분 그 이후에 주가는 더 올랐다. 무릎에서 사서 어깨에서 팔라는 격언 때문만은 아니다. 나는 내가 동행한 기업이 애물단지가 되는 걸 원치 않는다. 가능하면 같이 수익을 나누고 함께 흥취를 즐겼으면 한다.

주식사냥꾼에서 주식농부로 살아온 지 벌써 30년이 넘었다. 나는 독자들이 나의 실패 사례를 타산지석으로 삼기를 바란다. 굳이 실패했던 길로 꾸역꾸역 갈 필요가 있는가. 주식사냥은 너무 위험하고 불안한 방식이다. 말이 투자이지 사실은 투기다.

농부가 농작물에 애정을 가지고 땅을 소중히 여기듯, 기업을 소중하게 생각하고 동행하면서 소통을 하면 누구나 주식 부농이 될 수 있다고 믿는다. 좋은 씨앗을 찾고 가꾸고 시간을 두고 기다리는 것, 이렇게 당연한 상식이 내가 30년 넘게 주식시장에서 일하면서 깨달은 '주식투자의 왕도'다.

/ 차례 /

개정판 서문 · 007

프롤로그 주식투자 분투기 · 012

1장 **위기 속의 기회, 주식시장은 나의 것**

주식농부의 하루 · 025

주식투자, 선택이 아니라 필수다 · 030

주가는 예측할 수 있다 · 036

주식시장의 미래는 밝다 · 042

주식투자는 생활이다 · 049

2장 **세상을 움직이는 시장의 힘을 이해하라**

주식투자, 결코 만만하지 않은 이유 · 057

미래를 읽는 자가 시장을 지배한다 · 062

세계경제는 한 덩어리로 움직인다 • 067

기업과 국가 성장의 부를 함께 누려라 • 072

상식을 틀어쥐고 시간에 투자하라 • 077

3장 나의 주식시장 입문기

가난했던 어린 시절 • 085

주경야독 속에서 목표를 세우다 • 092

증권의 세계에 들어서다 • 100

치열한 제도권 주식시장에서 펼친 날개 • 105

농심투자철학을 확고히 하다 • 110

4장 흔들리지 않는 나만의 투자법을 만들어라

책 속에 투자의 기회가 있다 • 119

족집게만 찾지 말고 멘토에게 배워라 • 124

잊고 싶은 실패의 이유를 반드시 기억하라 • 130

젊을 때부터 충분히 연습하라 • 136

탐욕과 공포에서 벗어나라 • 141

인내와 절제를 익혀라 • 145

5장 이것이 주식농부 박영옥의 투자법이다

투자원칙 1. 주식도 농사라는 마음으로 임하라   • 153

투자원칙 2. 기대한 수익에 감사하는 마음을 가져라   • 161

투자원칙 3. 사업체를 운영한다고 생각하라   • 166

투자원칙 4. 꾸준한 관찰과 소통을 고수하라   • 172

투자원칙 5. 자기만의 가치 기준을 세워라   • 177

투자원칙 6. 위기 이후를 보는 혜안을 길러라   • 183

투자원칙 7. 계란은 확실한 바구니에 담아라   • 189

투자원칙 8. 노블레스 오블리주를 실천하라   • 193

6장 될성부른 주식은 떡잎부터 알아본다

경쟁력 있는 1등 기업에 투자하라   • 201

좋은 사업 모델을 가진 기업에 투자하라   • 209

건강한 재무구조와 좋은 지배구조를 가진 기업에 투자하라   • 216

열린 경영을 실천하는 기업에 투자하라   • 222

사회적 책임을 완수하는 기업에 투자하라   • 229

7장 주식투자, 이것만은 알고 하자

절대 빚내서는 하지 말라 · 237

움직이는 것은 시장이 아니라 사람의 마음이다 · 242

주식은 노력한 만큼 얻는 사업이다 · 247

올바른 마음으로 크게 생각하라 · 252

8장 주식농부가 제안하는 농심투자의 원칙

자본시장이 당신의 희망이다 · 259

그래도 삶은 지속된다 · 262

오늘은 몇 개의 기업을 보았는가 · 264

기업의 존재 이유는 삶의 터전을 제공하는 것이다 · 267

손바닥 보듯이 단순하고 훤하게 보여야 한다 · 269

신뢰할 수 있는 경영자를 선택하라 · 271

사실과 기대를 구별하라 · 273

동행할 기업 5개면 노후가 편안하다 · 275

에필로그 주식농부가 바라는 세상 · 277

1장

위기 속의 기회,
주식시장은 나의 것

주식농부의 하루

　신문팔이를 하면서 거스름돈 20원을 받지 않는 손님을 가장 좋아하던 소년이, 지구에서 가장 멋진 직업이 공장장이라고 생각하던 소년이 지금은 기업의 주인이 되어 있다. 그것도 한두 개가 아닌 무려 50여 개 기업의 주인이다. 그중 10여 개 기업은 5% 이상의 지분을 갖고 있다.

　주주는 단순히 기업의 주식을 소유하고 있는 사람이 아니라 기업의 주인이다. 이것이 주식농부로서의 내가 내리는 주식의 정의다. 대학 때까지도 공장장을 꿈꾸다가 교수님의 권유로 증권분석사를 공부한 후 투자연구소 애널리스트, 펀드매니저, 증권사 영업직원, 전업투자자 등을 거쳐 지금은 주식농부가 되었다.

가끔, 아침에 놀랄 때가 있다. 돈이 없어서 수학여행도 못 갔던 소년이, 입학금이 없어서 중학교도 못 갈 뻔했던 소년이 어느새 중년의 주식농부가 되어 세계경제의 흐름을 보고 있다. 다른 사람들은 이런 나를 보고 놀랍다고 한다. 나 역시 놀랍다. 그리고 감사한다.

주식농부로서의 내 하루는 보통 새벽 5시에 시작된다. 일찍 깰 때는 3시에 일어날 때도 있다. 고요한 새벽 혹은 아침을 즐긴다. 10년 전만 해도 아침이 분주했다. 잠에서 깨면 먼저 컴퓨터를 켜서 미국, 유럽, 남미, 인도 등 주요 국가들의 증시를 살폈다. 여기에 경제 뉴스를 포함한 정치, 사회문화, 군사, 기후 등에 관한 소식도 챙겼다. 하지만 지금은 개별 기업의 가치에 더욱 집중하고 있다. 그래서 굳이 분주한 아침을 보낼 필요가 없다. '아침이 있는 삶'을 즐기다가 7시쯤 다시 자리에 눕는다. 이번에는 아내가 깨워야 겨우 일어난다.

9시 무렵 사무실에 도착해 증시를 살핀다. 주가가 올라갔으면 왜 올라갔는지, 떨어졌으면 어떤 악재가 있었는지 직원들과 회의를 한다. 중요한 현상들이 보이면 이것이 이후 어떤 영향을 미칠지에 대한 이야기도 한다. 한마디로 하면, 하루 사이에 있었던 일 중 증시에 영향을 미칠 수 있는 주요 이슈들을 정리하는 것이다.

회의가 끝나면 펀드매니저, 애널리스트 등과 전화를 하면서 시장의 동향을 파악하고 증권가에서 어떤 이야기들이 나오고 있는지에 대한 이야기도 나눈다. 투자한 기업들과의 소통은 물론 관심권에 있는 기업에 대한 조사와 방문 일정도 조율한다. 주로 기업의 주식담당자나 임원, 혹은 현장의 직원들이 소통의 대상이다. 투자포트에 50여 개의 회사가 있기 때문에 적어도 하루에 한 기업 이상을 방문하거나 조사·분석한다. 소통, 동행, 대리경영이라는 말로 이 모든 활동들을 요약할 수 있을 것이다.

농부가 농사를 잘 지으려면 두 가지를 정확하게 알아야 한다. 첫째는 작물이고 둘째는 작물의 성장에 영향을 미치는 날씨다. 매일매일 경작하는 작물이 어떻게 자라고 있는지 확인하고, 또 매일매일 날씨를 체크하면 그해의 소출을 예상할 수 있다. 무슨 신비한 힘이 있어서 미래를 아는 게 아니라 작물과 날씨를 잘 아니까 예측할 수 있는 것이다.

농작물이든 주식이든 하루하루가 중요하다. 하루하루의 주가가 중요하다는 뜻은 결코 아니다. 오늘 주가가 떨어졌다고 조바심을 내는 건 오늘 하루 비가 온다고 농부가 농작물이 전부 떠내려갈 거라고 생각하는 것과 같다.

농부는 조바심을 내는 대신 물꼬를 점검한다. 여기서 강조하고 싶은 것은 매일매일, 지속적이고 면밀한 관심이 필요하다는 것이다. 벼락치기는 불가능하다. 매일 들어오는 정보를 해석하고 종합하고 축적하는 과정이 필요하다. 통찰력은 여기서 나온다.

어떤 사람들은 '정보 매매'를 하기도 한다. 주식시장에는 숱한 정보들이 있다. 특히 '당신한테만 얘기해주는 거니까 당신만 알고 있어!'라는 정보는 투자자들의 귀를 솔깃하게 한다. 하지만 그런 방식의 투자는 대개 실패한다. 귀한 정보로 단기간에 막대한 수익을 얻을 수 있다고 생각하겠지만 주식은 그렇게 해서는 성공하기 어렵다. 또 뭔가 꿍꿍이가 있는 사람이 의도적으로 퍼뜨리는 허위 정보일 수도 있다.

몇몇 고급 정보를 빼놓고는 거의 모든 정보들이 세상에 공개되어 있다. 고급 정보 역시 얼마 지나지 않아 일반적인 정보가 된다. 문제는 선별과 분석, 그리고 통합이다. 이러한 능력이 있어야 올바른 판단을 내릴 수 있다. 이 능력을 기르려면 농부가 매일 밭에 나가듯, 매일 세상에서 일어나는 일들을 주의 깊게 관찰하는 훈련을 해야 한다.

인생의 승부는 결국 하루하루를 어떻게 보내느냐에 달렸다. 매일 정보와 지식을 습득해야 한다. 매일 공부하고 소통해야 한다. 그런 시간이 짧게는 2, 3년 길게는 5, 6년 동안 이어지면 자연스럽게 시장과 기업의 흐름을 파악할 수 있다.

증권가의 하루는 굉장히 급박하게 돌아간다. 증권사는 북새통 이란 말이 딱 어울리는 곳이다. 개인투자자의 하루는 담배 연기 자 욱한 골방 같다. 투자를 해놓고 걱정과 불안, 노심초사의 나날을 보 내는 사람들이 많다. 그에 비하면 나의 하루는 단순하고 평안한 편 이다. 할 일이 별로 없다는 뜻도 아니고 게으르게 지낸다는 뜻도 아 니다.

나 역시 빠듯한 일정을 소화하며 바쁘게 지낸다. 단순하고 평 안한 것은 내 마음이다. 농부가 일을 하는 모습을 떠올려 보라. 계속 해서 손을 움직이지만 그 모습은 평온해 보인다. 무언가에 쫓기지 않고 주도적으로, 자기 스케줄에 따라 일을 해나가기 때문이다.

나의 하루는 부지런한 농부의 하루와 같다. 농부가 농작물을 돌보듯 기업과 소통한다. 가뭄이 들 때 물을 주듯 내가 주인인 기업 의 구성원들을 격려한다. 농부가 해충을 잡듯 기업이 잘못하고 있 을 때는 질책을 한다. 이런 하루들이 모여서 주식농부로서의 통찰 력을 만들어내고 결국 주식투자에서 성공하게 만든다.

주식투자,
선택이 아니라 필수다

예전에는 환갑이라는 말에 자연스럽게 '잔치'라는 말이 따라붙었다. 환갑까지의 건강을 축복하고 미래의 만수무강을 기원하는 것이 환갑잔치였다. 요즘은 환갑잔치라는 말이 어색하다. 환갑이 그다지 축하할 만한 일이 아니기 때문이다. 이제 60세까지 사는 것은 당연하게 여긴다. 그래서 대부분 가족들끼리 조촐하게 밥을 먹거나 부부가 여행을 다녀오는 것으로 갈음한다.

내가 어렸을 때 60대의 어른들은 정말 할머니, 할아버지였다. 하지만 지금은 어떤가. 손자손녀가 있어서 할머니, 할아버지가 되었지만 실제 얼굴은 아줌마, 아저씨다. 그분들에게 할머니 혹은 할

아버지라고 부르면 실례가 될 지경이다. 1970년대 우리나라의 평균수명은 61.9세였지만 지금은 80세가 넘었다. 우리가 관리해야 할 노후가 점점 더 길어지고 있는 것이다.

인간에게 목숨만큼 중요한 것이 없다면, 늘어난 수명은 분명 축복이다. 그러나 좋기만 한 것이 세상에 있는가. 늘어난 수명은 축복이 아니라 저주가 되기도 한다. 매일매일 '장수의 저주'에서 벗어나지 못한 노인들이 스스로 생을 마감하고 있다. 질병을 포함해 경제적 어려움이 주요 원인이라고 한다.

수명이 길어짐에 따라 필요한 노후자금의 액수는 늘어났지만 일을 할 수 있는 기간은 더 짧아졌다. 능력이 뛰어나고 거기다 운까지 받쳐줘야 정년까지 일을 할 수 있다. 정말 운이 좋아 60세까지 일을 한다고 해도 20여 년의 시간이 남아 있는 것이다.

다시 취업을 하려고 해도 여간 어려운 일이 아니다. 팔팔한 청년들도 일자리가 없어서 태반이 놀고 있다. 경기가 좋아지면 고용환경은 좋아질까. 그렇지 않다. 지금은 양의 시대가 아니다. 지식 기반, 정보화 사회다. 인공지능과 로봇이 사람의 노동력을 대신하는 속도가 빨라지고 있다. 경기가 나쁘면 일자리는 더 줄어들지만, 좋아져도 고용은 나아지지 않는 이른바 고용 없는 성장시대다. 지나치게 비관적으로 보는 것도 아니고 현실을 오도하는 것도 아니다.

우리가 매일 각종 매체에서 접하는 정보들이고 또 주변에서 보는 일들이다. 엄연한 현실인 것이다.

충분한 노후자금을 마련하지 못한 사람들이 쉽게, 혹은 어쩔 수 없이 선택하는 것이 자영업이다. 하지만 공식적인 자료에 따르면 자영업으로 성공하기란 정말 어려운 일이다. 우리나라 경제활동인구 중 자영업자의 비율은 2018년 기준 25%가 넘는다. 매년 100만이 넘는 자영업자가 개업을 한다. 그리고 70~80만 개가 폐업을 하고 있다. 보증금은 돌려받는다고 치더라도, 권리금과 인테리어 비용 등에 적게 잡아도 수천만 원이 들어간다. 장사가 잘됐을 때는 돌려받을 수 있지만 망한 경우라면 고스란히 날려버릴 수밖에 없다.

세계를 상대로 싸움을 해야 하는 현대사회에서 경쟁력이 없으면 결코 성공할 수 없다. 지식과 자본이 있어도 성공을 확신할 수 없는 것이 현실이다. 창업을 해서 성공하려면 먼저 전문성, 독창성을 가진 지식과 충분한 자금이 있어야 한다. 어떤 이는 '나는 세계와 싸울 생각은 추호도 없다. 그냥 우리 동네에서 소박하게 먹고살겠다' 라고 생각할지 모른다. 그러나 그런 방식으로 얼마나 갈 수 있을 것 같은가. 승자독식, 대박 아니면 쪽박인 세상이다.

우리는 이상하게도 자기가 직접 사업을 하려는 경향이 강하다.

규모가 크든 작든 반드시 자신이 '사장님'이 되어야 직성이 풀리는 모양이다. 하지만 '성공한 사장님'이 되기는 정말 어렵다. 깨어 있는 시간은 물론이고 심지어 꿈에서조차 회사 일을 한다는 사장들이 많다. 직원들보다 더 힘들게 일하고 더 피 말리는 자리가 사장의 자리다. 그렇게 해도 성공 확률은 그다지 높지 않다.

기업가 정신을 가지고 뭔가 이뤄보겠다는 큰 뜻을 품고 있다면 위험하더라도 사업을 하는 것이 맞다. 자신의 인생을 사업에 바치고, 하루를 25시간처럼 쓰면서 반드시 사업을 성공시키겠다는 뜻이 있다면 사업을 해야 한다. 그런 도전정신이 우리나라를 이만큼 발전시킨 원동력이기도 하다. 하지만 상황에 내몰려 어쩔 수 없이 하는 사업, 돈을 벌기 위한 사업이라면 주식투자가 훨씬 더 안전하고 성공 확률도 높다.

꽤 많은 사람들이 주식투자보다는 집을 안전한 투자 대상으로 보고 있다. 아파트 한 채 잘 사면 안전하게 자산을 불릴 수 있다고들 생각한다. 일정 부분 사실이다. 몇십 년 동안 부동산은 불패신화를 이어왔다. 주택보급률은 100%가 넘었고 인구는 줄어드는데 계속 오를 수 있을까. 10여 년 전, 나는 집값 하락을 예상했다. 하지만 틀렸다. 수도권 집중화가 계속되었고 집 없는 사람들이 집을 사는 속도보다 집 있는 사람들의 속도가 더 빨랐다. 나는 여전히 의문을 가지고 있다. 계속 오를 수 있을까. 예측은 그만두겠다. 하지만 말해두고 싶은 것이 있다.

동학개미운동으로 대변되는 자본의 대이동이다. 개인들의 자금이 대거 주식시장으로 몰려들고 있다. 나는 이 현상을 심상치 않게 바라보고 있다. 개인적으로도 부동산 부자들의 '고민상담'을 많이 받고 있다. 길게 투자할 기업을 골라달라는 부탁이 부쩍 늘었다. 투자가치가 있는 부동산은 절대다수의 젊은 사람들이 사기에는 너무 비싸다.

주식은 불안하다고 하는 사람이 많다. 그런 사람이라면 반드시 이 책을 끝까지 읽어야 한다. 이 책을 쓴 목적이 불안하지 않으면서 성공적으로 주식투자를 하는 방법을 알려주는 것이다. 설사 불안하다고 할지라도 창업보다는 훨씬 더 안전하다.

사실 주식투자에서 불안은 단순히 '투자'라고 생각하기 때문이다. 투자가 아니라 대리경영이라고 생각해보라. 사람들은 투자는 투자일 뿐 자기 사업이라고는 생각하지 않는다. 자기 사업이라고 생각하면 그렇게 쉽게 매수와 매도를 반복할 수는 없다. 이것은 마치 지난달에는 식당을 했다가 이번 달에는 편의점을 여는 것과 같다. 주식시장에는 많은 기회들이 있다. 유가증권시장과 코스닥시장을 합치면 약 2,300개 회사가 있다. 비가 오나 눈이 오나 증권시장에는 매일 20조 원, 많을 때는 30조 원 규모의 시장이 열린다. 여기에는 해당 분야에서 오랫동안 일해 온 사람들, 내가 내 사업을 하면서 투자할 수 있는 자금보다 훨씬 더 큰 규모의 자본으로 사업을 하는 사람들이 있다. 그들 중 사업을 잘할 사람에게 자금을 투자하고 그 수확을 함께 나누는 것이 주식투자다.

어지간히 잘 버는 사람이 아니면 월급만으로 노후를 준비하기는 어렵다. 실제 구체적으로 노후를 위해 준비하는 사람도 많지 않다고 한다. 자식들 교육시키고 결혼까지 시킨 후 딱 집 한 채 남는 자산운용은 노후를 위험하게 한다. 집 한 채로 부부가 20년 이상을 살기는 어렵다. 투자가 필요하고 주식투자는 훌륭한 대안이다. 무조건 주식투자를 해야 한다는 것은 아니다. 하지만 안정적인 노후를 바란다면 꼭 필요한 방법 중 하나다. 불안한 노후를 바라는 사람은 없다. 그래서 주식투자는 필수다.

주가는 예측할 수 있다

　세상에 모를 것이 개구리가 튀는 방향과 여자의 마음, 그리고 주가라고들 한다. 떨어지는 주가 때문에 식은땀깨나 흘린 사람들이 하는 말이다. 그저 답답한 마음에 해보는 한탄일 뿐 세 가지 모두 세밀하게 관찰하면 알 수가 있다. 우리는 개구리가 뛸 때까지는 어느 방향으로 뛸 것인지 알 수 없다. 그 행동이 워낙 민첩하기 때문이다.

　사람의 눈은 그처럼 빠른 개구리의 행동을 볼 수 없다. 그러면 어떻게 뛰는 방향을 알 수 있는가. 개구리가 뛰는 이유를 생각해보면 된다. 개구리가 갑자기 뛰는 것은 뭔가 위협이 되는 소리나 진동을 느꼈기 때문이다. 위험 요소를 피하기 위해 소리나 진동이 나는 반대방향으로 뛰는 것이 본능이다. 우리는 우리가 원하는 방향으로 개구리를 몰기 위해 그 반대편에 돌을 던질 수 있다. 그러면 정확한 착지 지점은 몰라도 방향은 예측할 수 있다.

여자의 마음도 그렇다. 사실 남자들은 여자들의 마음을 잘 알지 못한다. 또 알기는 해도 왜 그런지 도저히 이해하지 못할 때도 많다. 여자들 역시 남자의 마음을 잘 모른다. 남자들끼리는 군대에서 축구한 이야기로 밤을 샐 수도 있지만 여자들은 단 10분만 들어도 지겨워한다. 각기 다른 행성에서 왔다는 비유가 공감대를 형성할 만큼 남자와 여자는 많이 다르다. 하지만 남자는 남자의 마음을, 여자는 여자의 마음을 비교적 쉽고 정확하게 이해한다. 따라서 여자의 마음을 알려면 그녀와 친한 다른 여자에게 물어보면 된다.

그렇다면 주가는 어떻게 예측할 수 있을까. 미래를 예측하기란 여간 어려운 일이 아니다. 세계적인 미래학자들의 예견도 빗나가기 일쑤다. 너무나 많은 변수들이 발생하기 때문이다. 주식에 영향을 미치는 요소들은 부지기수다. 경제 상황은 물론이고 정치, 군사, 문화, 천재지변 등의 영향을 받는다. 거기다 주식을 산 각 개인들의 마음까지도 주가에 영향을 미친다. 이렇게 다양한 변수가 있지만, 그래도 주가는 예측이 가능하다. 여기서 내가 말하는 주가는 코스피지수가 아니다. 그것은 나도 모른다. 내가 예측 가능하다고 말한 주가는 내가 산 주식의 가격이다.

아주 쉬운 문제 하나를 풀어보자. 전교생이 2,300명 정도 되는 학교에 철수라는 학생이 있다. 어떤 계기로 인해 철수는 공부를 열심히 하기 시작했다. 수업 시간에 선생님을 바라보는 눈빛이 달라졌다. 다른 친구들보다 1시간 일찍 등교하고 잠도 줄였다. 그냥 열심히만 하는 게 아니고 상당한 집중력도 보여주었다.

6개월 후 철수의 성적은 어떻게 될 것 같은가. 참 쉬운 문제다. 누구라도 성적이 올라갈 거라고 예측할 수 있다. 자신 있게 철수의 성적을 예측할 수 있는 이유는 무엇인가. 가정이긴 하지만 우리는 철수가 아침에 일어나서 잠들 때까지 하는 행동을 손바닥 보듯이 알고 있다. 그가 열심히 공부하고 있다는 사실을 잘 알고 있기 때문에 자신 있는 예측이 가능한 것이다. 만약 우리가 철수를 모른다면, 1년에 두어 번 보는 사이라면 우리는 철수의 미래를 예측할 수 없다.

학생의 성적과 주가를 비유해보자. 우리는 이 학교 학생 전체의 성적이 어떻게 될지 알 수 없다. 2,300명이나 되는 학생의 일거수일투족을 모두 파악할 수 없기 때문이다. 그러나 우리가 관심을 가지고 계속해서 지켜보는 철수의 성적은 예측할 수 있다. 이 학생이 성실한 자세를 유지한다면 좋은 대학에 갈 거라고 예상할 수 있다. 전교생의 평균 성적이 코스피 지수이고 철수의 성적이 내가 투자한 기업의 주가다.

단기적으로 보면 철수의 성적도 떨어질 수 있다. 시험기간에 감기가 걸렸다든지, 갑작스러운 일이 생겨 집중력이 떨어질 수도 있다. 그러나 오랫동안 철수를 지켜본 사람이라면 그가 곧 제 페이스를 찾을 거라고 믿는다.

나는 한 번에 많은 주식을 매입하지 않는다. 소액을 사놓고 3, 4년을 같이 간다. 사기 전에 재무 상태나 비즈니스 모델, CEO의 성향 등 기본적인 정보를 파악하는 것은 물론이다. 그러고서도 3, 4년 동안 해당 기업의 임원, 직원들과 끊임없이 소통한다.

심지어 경쟁사를 통해 내가 투자한 기업의 경쟁력을 파악하기도 한다. 주식을 산다는 것은 그 회사의 주인이 되는 것이므로 당연히 그럴 권리와 의무가 있다. 그렇게 소통을 해가면 이 회사가 좋아지고 있는지, 나빠지고 있는지 알 수 있다. 공부를 열심히 하기 시작한 철수처럼, 기업도 어느 날 갑자기 성과를 내지 않는다.

기술 개발, 영업망 확장, 구조조정 등 향후 높은 성과를 달성하게 할 현상들이 보인다. 그러면 그때 과감하게 매수를 하고 1, 2년을 더 기다리는 것이다. 그 기간을 정확하게 예측할 수는 없지만 성과는 나오게 되어 있다. 이러한 내용들이 시장에 알려지고 공시가

되면 주가가 오르기 시작하는 것이다. 다수의 투자자들이 증권사의 리포트나 매스컴을 보고 해당 기업에 관심을 가진다. 다른 사람들은 이 시점에서 매수를 준비하는 반면 나는 매도를 준비한다.

사람들이 잘 모르거나 혹은 늘 잊고 있는 사실이 있다. 주가의 본질이다. 시가총액이 크다는 것은 그 기업의 가치가 높다는 뜻이다. 주가 상승은 해당 기업의 가치가 상승했다는 뜻이다. 이것이 기본이다. 시장은 바다와 같아서 물결이 너울대듯 주가도 오르내리기 마련이다. 하지만 장기적으로 보면, 가치가 올라가는 기업의 주가는 반드시 상승한다. 반대로 이러저러한 이유로 기업이 가진 가치보다 높게 매겨진 주가는 반드시 떨어지게 된다. 이렇게 간단하고 명확한 사실을 외면하면 불안할 수밖에 없다. 불안하니까 주가가 조금만 떨어져도 안절부절못하다가 손해를 보고 파는 것이다.

어두운 골목길을 걷고 있다고 하자. 가로등은 꺼져 있고 한 발자국 뒤에서 또 다른 한 사람이 따라오고 있다. 만약 그가 낯선 사람이라면 굉장히 불안하다. 나는 그가 강도인지 시비 걸기 좋아하는 동네 건달인지, 아니면 그냥 퇴근하는 가장인지 알지 못한다. 최악의 경우, 뒤에서 해코지를 할 수도 있다. 반대로 그 사람을 내가 잘 알고 있다면 어떨까. 어두운 골목이지만 그렇게 든든할 수가 없다. 그가 뒤에서 나를 지켜주리라는 믿음이 있기 때문이다.

주식투자는 자신의 재산을 누군가에게 맡기는 행위다. 투자를 한다는 것이 무슨 뜻인가. '내가 볼 때 당신은 사업을 잘한다. 내 돈을 자본으로 삼아 당신도 성공하고 나도 성공하자'라고 말하는 것이다. 그런데도 절대다수의 사람들이 '나는 당신을 잘 모른다. 그래도 내 돈을 당신에게 맡기겠다'라는 자세로 투자를 하고 있다. 이것은 처음 만나는 사람에게 돈을 빌려주는 것처럼 무모하고 어리석은 행동이다. 다른 사람 말만 믿고, 혹은 앞으로 시장의 상황이 좋아질 것 같으니까 돈을 넣는 것은 '나는 돈이 필요 없으니까 당신들이 나눠 쓰세요'라고 말하는 것과 같다.

코스피 지수는 전체적인 주식시장의 상황을 나타내는 것일 뿐 당신이 투자한 기업의 상황은 아니다. 거기에 일희일비해서는 안 된다. 또 기업의 가치 상승이 아니라 다른 요인에 의한 주가 상승을 노리고 단기투자하는 것 역시 너무나 위험하고 성공 확률이 낮다. 내가 그 기업을 속속들이 잘 알고 있다면 주가는 예측할 수 있다. 아는 기업에 투자하고 알기 위해 동행하고 소통해야 주식투자에서 성공할 수 있다.

주식시장의 미래는 밝다

지난 20년 동안 경기가 좋다는 뉴스를 본 적이 있는가. 기억나지 않을 것이다. 요즘 먹고살기 좋다는 뉴스 역시 기억나지 않을 것이다. 20년 이전으로 가도 마찬가지다. 경제는 늘 어려웠다. 그런데 어떻게 된 일인가. 그렇게 오랫동안 경기가 어려웠는데 GDP 규모는 열 손가락 안에 들어갔다. 증시가 개장한 이래 코스피 지수는 30배가량 상승했다.

인간은 불길한 소식에 더 민감하게 반응하도록 진화되었다. 과거의 고통은 축소되기 쉽고 현재의 고통은 확대하기 쉽다. 뉴스도 좋은 소식보다는 나쁜 소식을 먼저 전한다. 뉴스를 만드는 사람도, 그것을 소비하는 사람도 불안, 위험, 공포에 더 민감하게 반응한다. 안전한 것, 원활하게 돌아가는 것은 몰라도 위험하지 않다. 문제를 밝혀내고 알리는 것이 언론의 주요 임무다. 그러므로 뉴스를 통해 느끼는 대한민국과 실재의 대한민국은 꽤 다르다는 것을 알아야 한다.

대한민국은 반도체, 화학, 섬유, 선박, 자동차, 사료 등의 분야에서 세계 선두다. 이 작은 땅덩어리에서, 부존자원이 거의 없는 나라에서, 고작 5,000만 인구가 전쟁 이후 70년도 되지 않아서 만들어낸 성과다. 분단이라는 특수성이 만들어낸 것이지만 국방력도 10위 안에 들어간다. 남의 것을 흉내 내고 표절하던 문화에서 세계가 열광하는 문화로 만들어냈다. 세계 최고의 IT 인프라와 의료시스템은 코로나 팬데믹 상황에서 전 세계가 한국을 주목하게 만들었다.

맹목적 낙관도 낭패를 부르지만 맹목적 비관도 위험하기는 마찬가지다. 우리 사회에는 여전히 해결해야 할 과제들이 많지만 대한민국이 선진국이라는 사실을 부정할 수는 없다.

'대한민국의 미래 전망은 밝다.'

강연에서든, 개인적인 만남이든 경제 전망을 물어보면 나는 이렇게 대답한다. 우리는 그동안 많은 우여곡절을 겪었지만 잘 극복해왔다. 출렁임도 있었고 개인과 개별 기업의 흥망은 있었지만 나라 전체를 보면 경제 규모는 꾸준히 성장세를 유지해왔다. 코로나 19로 마이너스 성장했지만 다른 나라와 비교하면 가장 잘 방어한 것으로 나타났다.

우리나라는 지정학적으로 너무나 좋은 위치에 있다. 세계적인 기술을 보유하고 있는 일본과 세계 최대의 시장을 가지고 있는 중국 사이에 있다. 우리의 산업구조는 잘 짜여 있고 글로벌 기업들은 열심히 세계를 누비며 돈을 벌고 있다.

이런 좋은 환경과 조건을 가진 나라는 드물다. 우리나라는 재정건전성이 양호하고 국민들의 근면성과 우수한 인력, 높은 교육열 등 힘차게 미래로 뻗어나갈 수 있게 하는 좋은 인자(因子)들을 가지고 있다.

증시에 한정해서 보면 여전히 코리아 디스카운트가 있다. 분단 문제가 있고, 불투명한 지배구조, 낮은 배당성향, 자본시장에 대한 국민들의 낮은 이해도 등이 원인이다. 그러나 기업은 점점 투명해지고 있고 배당도 높아지고 있으며 자본시장에 대한 관심도 높아지고 있다. 무척 복잡한 외교관계가 얽혀 있지만 북한 역시 개방하지 않고는 안 된다는 걸 알고 있을 것이다. 문제가 해결될수록 디스카운트는 해소된다. 그 다음에는 코리아 프리미엄의 시대가 올 것이다. 나는 지금이 그 분기점에 있다고 보고 있다.

내가 우리나라 주식시장의 미래가 밝다고 하는 데에는 또 다른 이유가 있다.

나는 '대한민국이 완전히 망하지 않는 한, 나 역시 망하지 않는 구조를 가지고 있다'는 말을 자주 한다. 내가 특별히 잘나서가 아니다. 경제와 기업의 기본 흐름만 알고 있으면 누구나 '망하지 않는 구조'를 구축할 수 있다.

예를 들어 내가 직접 창업을 한다고 가정해보자. 시간이 갈수록 기업의 라이프사이클이 짧아지고 있다. 세상이 워낙 빠르게 변화하고 있기 때문이다. 영원히 성장할 것 같던 사업도 어느 날 새로운 것들이 나와서 퇴보된다. 통신기기를 생각해보면 훨씬 더 쉽게 느낄 수 있을 것이다. 그동안 통신기기는 집 전화에서 삐삐라고 불리던 무선호출기, 일정 구역에서만 되는 씨티폰에 이어 핸드폰, 스마트폰으로 발전해왔다. 이런 엄청난 변화가 일어나는 데 고작 20년밖에 걸리지 않았다. 정보통신 분야의 변화만큼 빠르지는 않지만 다른 분야에서도 변화의 속도가 빨라지고 있다는 것만은 분명하다. 변화가 많다는 것은 기회도 많지만 그만큼 위험도 많다는 것을 의미한다. 이 같은 변화들 속에서 기업을 성장시켜 나간다는 건 정말 힘들고 어려운 일이다. 내가 기업가들을 존경하는 이유이기도 하다.

자기 사업일 경우, 업종을 바꾸기란 정말 어렵다. 한때는 굉장히 비전 있고 가치 있는 일이었는데, 어느 날 보니까 '내가 왜 이걸 하고 있나'라는 생각이 들 수도 있다. 그렇다고 오너가 '나 이거 이제 그만 할래'라며 쉽게 툴툴 털고 일어설 수도 없다. 업종 변경은 쉬운 일이 아니다. 라이프사이클의 변화를 따라가지 못하는 기업들은 도태되고 결국은 사라진다. 우리나라 유가증권시장에 상장된 기업의 평균연령이 30년 정도이고 국내 중소기업의 평균수명은 10년밖에 되지 않는다.

여기에 주식투자의 강점이 있다. 우리는 내가 소유한 기업이 마음에 들지 않으면 언제든지 다른 업종으로 갈아탈 수 있다. 같은 업종에서 좀 더 잘하는 기업에 투자할 수도 있다. 주주는 기업의 주인이지만 오너와 달리 평생 주인이 될 필요는 없다. 어떤 변화로 인해 해당 업종의 미래가 보이지 않거나 성공 확률이 지극히 낮다면 우리는 다른 업종을 선택할 수 있다. 이때의 변화는 단기적인 부침을 말하는 것이 아니다. 단기적으로 영향을 미치는 요소가 있고 새로운 흐름을 만드는 변화가 있다. 단기적인지, 새로운 흐름인지를 알 수 있는 방법은 앞에서 말한 바 있다.

불황이 와도 주식투자자는 얼마든지 대처할 수 있다. 소비자들이 지갑을 닫으면 기업은 고전을 면치 못한다. 그런데 사람들이 지갑에 자물쇠를 채우는 건 아니다. 경제 상황이 어려워지면 저렴한 물건을 찾는 사람들이 늘어난다. 우리는 불황의 조짐이 보이면 저렴한 가격을 무기로 내세우는 기업에 투자할 수 있다. 그러다가 호황이 되면 가격보다는 품질을 선택 기준으로 삼는 소비자들이 늘어날 것이다. 그렇다고 저가 공세를 펴는 기업이 갑자기 고가의 물건을 팔 수는 없다. 그래봐야 크게 승산은 없을 것 같다. 하지만 주식투자는 다르다. 불황이 끝나고 호황이 오는 조짐이 보이면 품질 좋은 고가의 상품이나 사치품을 생산하는 기업에 투자할 수 있다.

신기하게도 모두에게 좋고 모두에게 나쁜 현상은 없다. 호황이 되면 모두 좋을 것 같지만 어려운 업종이 있고 불황이 되면 모두 나쁠 것 같지만 그럴 때 오히려 매출이 늘어나는 기업이나 업종도 있다. 이런 기회들이 주식시장에 널려 있다. 거래소에는 2,300여 개의 기회가 있고 계속해서 새로운 기업들이 상장되므로 새로운 기회도 계속 생겨난다.

이렇게 기막힌 기회를 모른다는 이유로, 손실이 날지도 모른다는 두려움 때문에 그냥 보내고 있는 사람이 다수다. 모르면 공부를 해야 한다. 공부를 하면 두려움도 극복이 된다. 모르니까 두려운 것이다.

나는 우리나라 경제가 더 발전할 것이라고 믿고 그렇게 되기를 간절하게 바란다. 하지만 미래의 일 중에 확실한 것은 아무것도 없다. 그러나 위에서 말한 경제 흐름의 원리를 알고 있다면 주식투자의 미래는 항상 밝다고 자신 있게 말할 수 있다. 우리나라 경제가 완전히 주저앉지 않는다면 늘 기회는 있다. 그래서 주식시장의 미래는, 항상 밝다.

주식투자는 생활이다

오래전 아프리카 아이들은 다이아몬드로 구슬치기를 했다고 한다. 구슬치기를 하려면 그 크기가 웬만큼은 되어야 하고 또 몇 개는 되어야 한다는 점을 감안하면 그 아이들은 수십억 원짜리 놀이도구를 갖고 놀았던 셈이다. 그 광경을 처음 본 서양인들은 만세를 불렀을 법도 하다.

아프리카 사람들에게 다이아몬드는 별 가치가 없는 것이었다. 하지만 그 가치를 알고 있었던 서양인들에게 아프리카는 기회의 땅이었다. 그들이 그 기회를 쟁취하는 과정은 폭력적이었지만 여기서 그 이야기를 길게 할 생각은 없다. 내가 말하고 싶은 것은 많은 사람들이 지금 '아프리카 아이들 같은 짓'을 하고 있다는 것이다.

우리 주변에는 많은 기회들이 있다. 그 기회를 보는 혜안이 있는 사람만이 성공의 문을 열 수 있다. 주식으로 한정해보자면 내가 보고 쓰는 물건들 속에 주식투자의 기회가 있다고 할 수 있다.

주식투자는 섣불리 해서도 안 되지만 그렇다고 너무 거창하게 생각할 필요도 없다. 선진국들에 비해 주식투자를 하는 사람과 액수가 턱없이 적지만 우리나라도 주식투자가 점점 더 일반화되어 가고 있다.

'나는 주식투자를 하지 않는다'라고 말하는 독자들 중에서도 은행, 보험사 등에서 판매하는 펀드 상품에 가입하고 있는 사람들이 많다. 모두들 알게 모르게 주식투자를 하고 있는 셈이다. 대박 아니면 쪽박이라는 기존의 관념이 옅어지면서 주식투자의 일상화로 패러다임이 변화하고 있는 것이다.

우리나라 경제는 발전하고 있다. 경제활동과 소비활동을 하고 있는 사람이라면 누구나 일정 부분 여기에 기여하고 있다. 직장인이라면 직장에서 하는 일을 통해 경제발전에 이바지하고 그 대가로 월급을 받는다. 하지만 그것만으로는 부족하다. 좀 솔직하게 말하면 억울해해야 한다.

주식시장을 통해 약간의 수수료와 거래세만 내면 기업의 주인이 될 수 있다. 그런데도 굳이 종업원으로만 있겠다는 '투철한 각오'를 다질 이유가 있는가. 직장인을 폄하할 생각은 추호도 없다. 어떤 직업이든 신성한 것이고 충분히 인정받아야 한다. 다만 조금만 노력하면 경제가 성장하는 데 기여하면서 그 과실을 함께 누릴 수 있는데 그 기회를 모른 척하고 있는 사람이 많은 게 안타까운 것이다.

조심해야 할 것은 과도한 수익에 대한 욕심이다. 공부도 하지 않고 시세변동이 심한 주식을 사서 한 번에 왕창 벌려고 해서는 안 된다. 이것은 투자가 아니라 도박이다. 도박을 해서 끝이 좋은 경우를 본 적이 있는가. 도박은 반드시 자신과 주위를 불행하게 만든다. 주식투자가 생활화되려면 욕심 부리지 않고 좋은 기업에 자본과 시간을 투자해야 한다. 언제 망할지도 모르는 기업, 언제 바닥까지 떨어질지 모르는 기업에 투자를 하면 본업까지 망가져버린다.

좋은 기업을 찾기가 마냥 쉽지만은 않다. 경제 공부도 해야 하고 기업 분석도 해야 한다. 하지만 항상 '전문가적 식견'만이 좋은 기업을 찾는 것은 아니다. 우선은 일상생활을 하면서 자기 주변에 관심을 가지는 것에서 출발하는 것이 좋다.

아침에 일어나면 화장실에 간다. 거기에 무엇이 있는가. 휴지, 치약, 칫솔, 비누, 수건, 비데 등 많은 물건이 있다. 이 물건들은 어느 날 하늘에서 뚝 떨어진 게 아니다. 기업에서 생산한 제품이다. 화장실만 해도 이렇게 많은 제품이 있다. 집을 쭉 둘러보면 더 많은 제품이 있고 밖으로 나오면 헤아리기 힘들 만큼 다양한 기업의 생산품이 있다. 어떻게 보면 우리 생활 터전은 기업이 만든 제품들에 의해 구성되어 있다고 할 수 있다.

예를 들어 지금 사용하고 있는 비데가 마음에 든다고 하자. 친구 집에 갔더니 거기도 같은 회사의 제품을 쓰고 있고 친구도 이 제품을 마음에 들어 한다. 그러면 제조사를 찾아서 공부를 해볼 수 있다. 재무구조는 어떤지, 경영자는 어떤 사람인지, 앞으로 어떤 제품들을 계획하고 있는지, 이 회사가 어떤 역사를 가지고 있는지 컴퓨터 앞에만 앉으면 어지간한 정보는 모두 입수할 수 있다. 조사 결과 투자할 만한 가치가 있다면 자금의 일정 부분을 투자해놓고 짧게는 2, 3년, 길게는 4, 5년 동행을 하는 것이다.

대체로 마음에 들지만 새로운 개선안이 있으면 제안을 할 수도 있다. 그러면 이 기업이 가는 길이 보인다. 만약 미심쩍은 부분이 있다면 투자를 하지 않으면 된다. 투자를 하지 않았으니 헛수고라고 할 수 있으나 이것 역시 중요한 공부다. 좋은 기업을 찾아내는 것만큼 나쁜 기업을 구별해낼 줄 아는 식견도 주식투자에서는 중요하다.

주식투자는 멀리 있지 않다. 주식의 본질은 기업에 있고 그 기업들이 만든 제품들이 우리의 생활환경을 만들고 있다. 출퇴근 때를 떠올려 보라. 독자들이 타고 다니는 차를 만드는 기업이 있다. 버스든 승용차든 지하철이든 다 만드는 기업이 있다. 아스팔트 재료를 만드는 기업이 있고 그것으로 도로를 포장하는 기업이 있다. 이 모두가 공부의 대상이며 투자의 대상이다.

다시 한 번 강조하지만, 주식투자는 멀리 있는 별천지가 아니다. 주식투자를 생활화해야 하고 우리의 생활 속에 투자 대상인 기업이 있다. 이렇게 주식투자를 생활화하면 그 전에는 보이지 않던 것들이 보이기 시작한다. 무심코 지나치던 모든 사물에서 경제성장의 열매를 딸 수 있는 기회를 발견하게 된다.

진정한 생활투자가의 눈에는 컴퓨터, 자동차, 핸드폰, 건물 등등 모든 사물에 주렁주렁 열려 있는 기회의 열매들이 보인다. 지금 독자들이 읽고 있는 이 책에도 열매는 열려 있다.

2장

세상을 움직이는
시장의 힘을 이해하라

주식투자,
결코 만만하지 않은 이유

세상에는 두 종류의 사람이 있다. 주식투자를 하는 사람과 주식투자를 하지 않는 사람. 코스피가 3,000을 넘어가면서 관심이 급증했고 투자하는 사람도 늘어났지만 아직도 많은 사람들이 주식에서 애써 눈을 돌리려 한다. 관심을 가지면 투자를 해야 할 것 같고 하면 잃을 것 같다. 모르기 때문에 두렵고 두렵기 때문에 주식투자를 하지 않는다. 주식투자를 하지 않는 사람은 자기 앞에 놓인 많은 기회를 걷어차는 사람이다.

우리는 누구나 약간의 거래세와 수수료만 내면 기업의 주인이 될 수 있다. 대한민국 경제발전의 중심에 있으면서 그 성장의 결실을 함께 누릴 수 있다. 눈앞에 놓여 있는 수많은 기회를 다른 사람들, 외국인들에게 양보하고 있는 것이다.

주식투자를 하는 사람들 중에는 '굉장히 배포가 크고 지나치게 용감한' 사람들이 있다. 이들이 주식에 대해 알고 있는 것은 주식투자를 하지 않는 사람과 크게 다를 바 없다. 그러면서도 남의 말만 듣고, 혹은 자신의 짧은 지식을 믿고 과감하게 재산을 던진다. 텔레비전을 살 때는 인류의 존망이 달린 것처럼 온갖 고민과 조사를 하면서, 주식을 살 때는 누군가의 말만 듣고 수백, 수천, 수억 원의 돈을 투자한다. 그렇게 해서 손해를 본 다음, 여의도 쪽으로는 오줌도 누지 않는다고 말한다.

주식투자를 하지 않는 사람은 기회를 버리는 사람이다. 반면 섣불리 하는 사람은 자기 돈을 다른 사람에게 던져주는 사람이다. 주식투자를 해야 하지만 절대로 쉽게 해서는 안 된다. 공부해야 할 것도 한두 가지가 아니고 고려해야 할 사항 역시 한두 가지가 아니다. 주식시장이 돌아가는 원리를 아는 것은 기본이다. 그리고 재무구조, 비즈니스 모델, 주가수익비율(PER), 기업의 역사도 알아야 한다. 이런 기본적인 것조차 알지 못하고 덤비는 사람들이 의외로 많다.

어떤 기업의 재무구조, 주가수익비율, 비즈니스 모델 등의 사항은 모두 객관적인 자료로 나와 있는 것들이다. 거기에 대한 평가는 각자 다를 수 있지만 모두가 공유하는 자료다. 인터넷에만 들어가도 이런 자료들은 얼마든지 구할 수 있다. 객관적인 자료만 파악해도 된다면 주식투자는 매우 쉬울 것이다. 이 자료들은 반드시 파악해야 하지만 파악한다고 꼭 주식투자에 성공한다고 할 수는 없다.

객관적인 데이터와 함께 반드시 알아야 할 것이 경영자의 마음과 자세다. 나는 뛰어난 장수가 전력의 열세를 극복하고 승리를 쟁취했던 역사는 알고 있지만 무능한 장수가 이긴 예는 알지 못한다. 최강의 전력을 보유하고 있더라도 지휘관이 최악이라면 그 전쟁은 이기기 어렵다. 경영자의 중요성은 바로 여기에 있다.

부도를 맞았던 기업이 새로운 경영자를 영입한 뒤 부활하기도 한다. 잘 나가던 기업이 2세 경영자를 맞으면서 몰락하기도 한다. 그래서 증권가에서는 'CEO 주가'라는 말도 있다.

경영자를 단순히 내가 투자하는 기업의 수장이라고 생각해서는 안 된다. 경영자는 내가 투자한 기업, 즉 내 사업의 대리경영인이다. 동업자라는 것이다. 독자들 중에는 경영자의 사업적 능력이 중요하지 마음과 자세까지 거론하는 건 타당하지 않다고 여길지 모른다. 물론 사업적 능력은 중요하다. 그런데 그 사람의 사생활이 문란하다면 어떻게 될까. 꼬리가 길면 밟히고 반복되는 잘못은 반드시 문제를 일으키기 마련이다.

어떤 경영자는 온갖 비도덕적인 방법으로 회사의 수익을 낮춘다. 이유야 여럿 있겠지만 주주들에게 배당을 주지 않기 위한 경우도 있다. 그나마 수익이 난 돈으로 자사주를 사고 그것을 다시 대주주인 자신에게 넘기도록 하는 경영자도 있다. 직원들과 주주들과 함께 가는 게 아니라 자신의 이익만을 챙기는 것이다. 만약 동업자가 투자는 같이 하고 이익은 자기가 챙기겠다고 하면 당신은 여기에 동의할 수 있는가. 결코 그럴 수 없을 것이다.

사람의 마음을 몇 개월 만에 알 수는 없다. 꾸준한 관심과 관찰, 그리고 소통이 필요하다. 적어도 3, 4년은 함께 동행을 해야 경영자의 마음을 알 수 있다. 나는 내가 투자한 기업과 동행하면서 직원들을 만나고 임원들을 만나고 경영자를 만난다. 질문하고 답을 듣는다.

여기서 내가 물어보는 것은 '내부 정보'가 아니라 대부분 일상적인 질문들이다. 직원들에게 전화를 걸어 '요즘 사장님 어떠시냐?'고 묻기도 한다. 또는 '요즘 어떠십니까?'라고 뭉뚱그려서 질문을 던지기도 한다. 이런 과정을 거치면서 3, 4년을 동행하면 그 회사가 어디로 가고 있는지, 경영자의 마인드가 어떤지 알 수 있다.

나는 장기투자만이 정답이라고 했다. 독자들이 여기에 동의한다면 반드시 경영자에 대한 확고한 믿음이 있어야 한다. 믿지 못하는 사람과 어떻게 동행을 하고, 어떻게 장기간 같이 사업을 할 수 있겠는가. 일반 투자자 입장에서는 경영자나 임원들을 만나기가 쉽지 않다.

하지만 다른 방법도 있다. 주식담당자에게 전화를 걸어 '내가 주주인데, 요즘 회사 분위기가 어떠냐'고 물어볼 수 있다. 한 번 물어봐서는 그 사람의 속내를 알 수 없지만 그것을 오랫동안 반복하면 그의 목소리에서 회사의 분위기를 읽을 수 있다.

조금 더 노력한다면 주식담당자와 친분을 쌓을 수도 있을 것이다. 그들은 내가 대리경영을 하고 있는 기업의 직원들이다. 다시 말해, 나의 직원들이다. 그러므로 관심을 가지고 소통을 하고 밥을 사주는 것은 당연한 일이다. 그들이 노력해 만들어낸 성과가 곧 나에게 돌아오지 않는가. 경영자의 마음 알기는 주식투자가 어려운 중요한 이유 중 하나다. 어렵지만 불가능하지는 않다. 해답은 소통이다. 우리는 오늘 만난 사람의 성품은 알지 못하지만, 십년지기의 됨됨이는 알고 있다. 시간과 관심, 그리고 소통이 있었기 때문이다.

미래를 읽는 자가
시장을 지배한다

미래를 읽는 자가 시장을 지배한다는 말은 지극히 당연한 명제다. 타임머신이 있어서 미래의 주가를 볼 수 있다면 누구나 부자가 될 수 있다. 다행스럽게도 미래를 정확하게 아는 사람은 아무도 없다. 내가 내 미래를 안다고 하면 인생이 참 재미없을 것 같다. 그럼에도 불구하고 우리는 미래를 알아야 한다. 미래에 어떻게 될지 모르고서 주식투자를 한다는 것은 미신이며 도박이다. 여전히 이 미신에 자신의 재산을 걸고 위험한 도박을 하는 사람들이 많다.

편의상 미래를 두 가지로 나누어보자. 하나는 주가의 미래이고 또 하나는 세계의 미래다.

앞에서 말했듯이, 나는 다음 주 코스피 지수가 어떻게 될지 모른다. 심지어 내가 동행하고 있는 기업의 다음 주 주가조차 알지 못한다. 세상에서 일어나는 모든 일들과 개개인의 투자심리가 주가에 영향을 미친다. 주가는 오늘 떨어졌다가 별다른 이유도 없이 내일은 오르기도 한다. 호재가 없는데도 연일 상한가를 치다가 또 특별한 이유도 없이 하한가를 기록하기도 한다.

때로는 투자자들의 집단심리가 작용할 때도 있고 이른바 작전세력의 농간일 때도 있다. 증시에는 수많은 변수들이 존재하고 이런 일들을 모두 예상하고 통제하기란 불가능하다. 10년 뒤 혹은 20년 뒤에 어떻게 될지 예측하는 것은 공허한 상상에 불과하다. 세계적인 경제학자들의 예측도 빗나가기 일쑤다.

그러나 나는 내가 동행하고 있는 기업의 미래는 예측할 수 있다. 이때의 미래란 3, 4년 안팎의 미래를 뜻한다. 지난 2, 3년 동안 경영자를 만나서 꾸준히 소통을 해본 결과, 그의 마음과 자세가 굉장히 바람직하다는 것을 알게 되었다. 사생활도 깨끗하고 사업적 능력도 뛰어나다. 무엇보다 직원, 투자자들과 함께 성장하고 그 과실을 나누겠다는 가치관이 확고하다. 경영자를 칭찬하는 직원들이 많고 대부분 이 회사에서 일하는 것을 만족스러워한다. 재무구조도 탄탄하고 지난 2, 3년간 매출이 꾸준히 증가했으며 아이템도 좋고 경쟁력도 있다. 그렇다면 이 기업이 앞으로 수년간은 더 성장할 것이라고 자신 있게 예측할 수 있지 않겠는가. 기업이 성장한다는 것은 곧 그 기업의 가치가 상승한다는 뜻이다. 가치가 상승하면 결국에는 주가도 오를 수밖에 없다.

향후 수십 년 동안 대대적인 호황이 오더라도 내 기업이 잘 대응하지 못하면 망한다. 반대로 오랫동안 불황이 지속되더라도 내가 투자한 기업이 적절한 대응책을 세워 실행한다면 호황일 때보다 더 잘나갈 수 있다. 주식투자자로서 먼저 읽어야 할 미래는 내 기업의 미래다. 내가 투자한 기업의 미래를 아는 길은 기업과 동행하면서 그 흐름을 속속들이 파악하는 것이다.

또 하나의 미래, 즉 세계의 미래를 보자.

우리는 노력하기에 따라 자신이 원하는 미래를 만들어낼 수 있다. 예를 들어 어떤 사람이 자격증 시험을 준비하고 있다면 그 시험에 관한 한 자신의 미래에 대한 통제권을 가지고 있다. 공부를 열심히 하면 얼마든지 시험에 통과할 수 있다. 그러나 그 영향력은 그렇게 크지 않다.

그런데 당신이 한 나라의 대통령이라면 어떨까. 당신이 생각한 미래, 당신이 만들어가려는 미래는 엄청난 영향력을 발휘한다. 한국의 대통령보다 미국의 대통령이 전 세계에 미칠 수 있는 영향력은 훨씬 더 막강하다. 절대자처럼 모든 미래를 만들어낼 수는 없지만 적어도 자신이 원하는 방향으로 미래를 만들 수는 있다.

세밀하게 보면 미래는 그냥 오는 것이 아니고 만들어가는 것이다. 자동차, 비행기, 우주왕복선, 핸드폰, 인터넷 등 세계를 바꾼 발명품은 어느 날 갑자기 생긴 것이 아니다. 한 개인 혹은 집단이 오랫동안 노력한 결과물이다. 그것들이 세상을 바꾼 것이다.

세상은 하루아침에 손바닥 뒤집듯이 순식간에 바뀌지는 않는다. 특수한 몇몇 경우를 제외하면 늘 징조가 있기 마련이다. 그 징조를 통해 우리는 미래를 예측해볼 수 있다. 그래서 우리는 흔히 리더라고 일컫는 사람들의 말과 행동을 예의 주시해야 한다. 리더는 미래를 만들어내는 강력한 힘과 영향력을 가지고 있다.

만약 한 나라의 대통령이 '우리나라의 미래는 의약산업에 달려있다'라고 말했다면, 앞으로 의약산업에 대대적인 투자와 지원을 할 거라는 이야기다. 빌 게이츠가 '미래에는 모든 사물이 컴퓨터화될 것이다'라고 말한다면 그렇게 만들 자신이 있다는 것이다. 그들은 미래를 지켜보는 게 아니라 만들어내는 사람들이며, 뉴스를 보는 사람들이 아니라 뉴스를 만들어내는 사람들이다.

세상에는 새로운 것을 만들어내는 사람과 그것을 따라가는 사람, 그리고 낙오되는 사람이 있다. 미래를 알고 싶다면 그것을 만들어내는 막강한 힘을 가진 사람들의 말과 행동에 주목해야 한다. 힘들게 찾을 필요도 없다. 리더들의 생활은 대부분 노출되어 있고 유의미한 것들은 물론이고 무의미한 가십거리조차 클릭만 하면 찾아볼 수 있다.

또 자신이 동행하는 기업의 업종 내에서 영향력이 있는 사람이나 정부기관의 방침도 유의 깊게 보아야 한다. 《부자가 되려면 부자에게 점심을 사라》라는 책까지 있지 않는가.

자신이 투자한 기업과 동행하라. 그러면 내 기업의 미래가 보인다. 그리고 미래를 만들어가는 리더들에게 관심을 가져라. 그러면 세상의 미래가 보인다.

지금은 지식과 정보의 사회다. 물론 그것을 많이 가졌다고 항상 부자가 되는 것은 아니다. 하지만 지식과 정보가 부족한 사람은 부자가 될 수 없다.

세계경제는
한 덩어리로 움직인다

아주 옛날에는 하나의 문화, 문명이 전파되는 데 오랜 시간이 걸렸다. 서양에서 총을 만들어 쏘고 있을 때 우리는 화살을 쏘고 있었다. 그들이 기계를 이용해 대량생산 체제에 들어갔을 때도 우리는 여전히 사람의 손과 소의 힘을 빌리고 있었다. 로마제국이 유럽을 통째로 삼키고 북아프리카, 중동까지 영토를 확장했지만 우리나라에 직접적인 영향은 없었다. 다른 나라에서 일어나는 일의 영향력이 지금처럼 즉각적이고 강력하지 않았다.

지금은 세계의 모든 일이 즉각적으로 전파된다. BTS의 뮤직비디오가 업로드되는 순간 전 세계의 아미(ARMY)가 동시에 열광

한다. 빌 게이츠가 트위터에 글을 올리면 미국인도, 중국인도, 한국인도 동시에 읽을 수 있다. 조금 거슬러 올라가면 먼 나라에서 '빌딩 두 채가 무너졌을 때' 우리나라 주식시장이 폭락했다. 2008년에는 월스트리트의 탐욕이 전 세계를 힘들게 했다. 유럽 몇몇 나라들의 금융 상황이 세계를 불안하게 했다. 그리고 중국의 한 도시에서 발생한 전염병이 몇 개월 만에 전 세계로 퍼져 나갔다. 정보의 이동은 즉각적이고 사람의 이동은 활발하다. 우리는 그런 세계에 살고 있다.

　세 살짜리도 아는 사실을 뭐 그리 정색하고 이야기하느냐고 할지 모른다. 하지만 정말 심각하고 중요한 문제다. 바로 독자들의 생활, 독자들의 인생에 영향을 미치기 때문이다. 세상에서 일어나는 일을 모를 수는 있지만 그 영향에서 벗어날 길은 없다. 2021년 3월, 예멘의 반군 후티가 사우디의 정유시설을 공격했다. 어떤 사람은 그 사실조차 모른다. 또 어떤 사람은 '그랬나 보다' 하고 잊어버린다. 알든 모르든 그 사건으로 인해 오른 원유 가격은 모두에게 영향을 미쳤다.

　과거에는 강 건너 불구경이었는데, 지금은 강 건너 불이 곧바로 내 발등에 옮겨 붙는다. 이걸 정확하게 인지하지 못하면 곤란을 겪게 된다. 날아오는 불덩이를 잘 이용하면 아궁이에 불을 지필 수 있지만 그렇지 않으면 멀리서 날아온 불덩이가 내 집을 삼켜버린다.

전 세계로 불덩이를 날려 보내는 나라는 역시 미국이다. 인구는 전 세계의 약 4%에 불과하지만 GDP는 2019년 명목 GDP 기준 24.6%를 차지하고 있다. 주식시장을 보면 더욱 압도적이다. 미국이라는 한 나라의 주식시장 규모가 시가총액 기준 전 세계 주식시장의 40% 정도다. 애플이라는 단독 기업의 시가총액이 우리나라 상장기업 2,300개의 시가총액과 맞먹는다.

이 외에도 군사, 문화, 과학기술, 각종 특허 보유 건수와 학문적 성취에 이르기까지 거의 모든 분야에서 부동의 1위를 차지하고 있는 국가가 미국이다. 대략 살펴봐도 이 정도이니 미국의 횃불이 우리나라에 오면 산불이 되는 건 어찌 보면 당연한 일이다.

미국 다음으로 큰 불똥을 가진 국가는 단연 중국이다. 무섭게 성장하던 중국 경제가 잠시 주춤하고는 있지만 이미 10년 전에 일본을 제치고 세계 2위의 경제대국이 되었다.

중국 경제와 시장은 현실적으로 우리에게 더욱 중요하다. 중국은 우리나라 총 수출 중 25.1%(2019년)의 비중을 차지해 일찌감치 미국을 제치고 1위로 부상한 나라이기 때문이다. 우리나라의 대미 수출 비중은 14.3%다. 수치만으로 보면 중국에서 받는 영향이 미국에서 받는 영향보다 2배는 더 커야 한다.

그런데 현실은 그렇지 않다. 여전히 우리는 미국 증시의 영향을 지대하게 받고 있다. 그것은 중국의 대미수출 비중이 높기 때문이다. 미국 경제가 나빠지면 중국 경제가 나빠지고 더불어 한국 경제도 나빠지는 연쇄반응인 것이다. 반대로 한국의 상황이 미국과 중국에 영향을 미치기도 한다. 이러한 연쇄반응은 시차가 없이 거의 동시간대에 발생한다.

13억 인구를 가진 인도는 엄청난 시장이지만 아직은 구매력이 모자란다. 모디 총리의 제조업 강화 정책이 성공하고 경제가 발전한다면 우리 기업들에는 어떤 영향을 미칠까. 수출 비중에서 미국을 따라잡고 있는 베트남의 성장은 또 어떤 영향을 미칠까. 구매력이 높아지는 것은 우리 기업에게 좋은 일이지만 올라가는 인건비는 현지에 진출한 기업에게 반가운 소식이 아니다.

몇몇 국가들과의 관계를 수박겉핥기로 말하고 있지만 공부를 하자면 끝이 없다. 사실 개인투자자의 입장에서 이 모든 역학 관계를 완벽하게 파악하기는 어렵다. 그러나 적어도 세계경제의 변화가 나의 생활, 나의 직업, 내가 투자한 기업에 미치는 영향 정도는 알고 있어야 한다. 그래야 적절한 대책을 세울 수 있다. '그런 건 나에게 너무 어렵다'며 두 손 놓고 있다가는 뒤통수를 맞기 딱 좋다.

세상에는 많은 전문가들이 있고 경제문제만을 다루는 전문가들이 있다. 이들은 일반인들보다 훨씬 더 많은 지식과 정보로 무장을 하고 세계 각국에서 벌어지는 경제, 군사, 정치, 문화적 사건들의 영향을 분석해주고 있다.

조금만 관심을 가지면 그런 고급 정보들을 얼마든지 찾을 수 있다. 원래부터 모르는 게 아니라 알려고 하지 않으니까 모르는 것이다. 세상이 어떻게 돌아가는지 알지 못하면 직업에서도, 인생에서도, 주식투자에서도 성공하기 어렵다.

기업과 국가 성장의
부를 함께 누려라

나는 1960년대에 태어났다. 1961년 한국의 GDP는 64위였다. 젊은 사람들은 조선시대 이야기라고 느낄 수 있는 보릿고개가 있던 때였다. 통일벼가 개발되면서 1970년대 말에 가서야 우리나라 사람들이 먹는 것보다 많은 양의 쌀을 생산하게 되었다. 진짜 '먹고사는' 문제를 해결한 지 겨우 40여 년밖에 되지 않았다.

2021년 대한민국의 위상은 어떤가. 우리나라 영화가 외국에서 상을 받고 전 세계가 열광하는 우리나라 가수가 있다. GDP 규모로는 세계 10위권이다. 반도체, 2차전지, 바이오, 게임, 정유, 조선 등에서 세계를 선도하는 기업들이 있다. 끼니를 걱정하던 나라에서

명실상부 선진국이 된 나라를 보는 마음은 흐뭇하다. 그러나 자부심만 가지면 기분은 좋을지 몰라도 이 눈부신 성장에서 소외된다. 내가 일하는 기업은 10배 성장했는데, 월급은 그대로인 격이다.

우리나라 주식시장은 1992년부터 외국인에게 열리기 시작해 2000년에 완전 개방되었다. 통신과 교통이 발달하면서 오래전에 지구촌이라는 말이 나왔다. 이 지구촌을 가장 빠르게 돌아다니는 것이 자본이다. 자본에게 있어 국경은 정말 아무것도 아니다. 외국 자본이 국내에 들어오는 것 자체를 문제 삼을 생각은 없다. 문제는 우리나라의 현재 상태에 있다.

현재 국내 주식시장 전체에서 외국인이 차지하는 지분은 코스피는 36%, 코스닥은 10% 정도다. IMF 이후 45%대까지 올라갔던 것과 비교하면 많이 낮아진 수치지만 여전히 높다. 외국에서도 알아주는 기업을 보면 상황은 좀 더 심각해진다. 우리나라 1등 기업이며 매년 수십조 원의 이익을 내는 삼성전자의 반 이상이 외국인 소유다. 우리나라 산업 성장의 상징이라고 할 수 있는 포항제철, 즉 포스코도 절반 이상의 지분이 외국인 소유다. 2차전지 세계 1위 기업인 LG화학의 외국인 지분도 40%를 훌쩍 넘긴다. 우리나라 사람 10명 중 4~5명이 통신료를 내는 SK텔레콤 역시 40% 가까이가 외국인 소유다. '국민'은행이었던 KB금융의 외국인 지분은

67% 내외다.

종업원은 월급을 받고 주인은 수익을 가져간다. 2019년 외국인들은 배당금만 8조 원을 챙겼다. 증시 전체 배당금의 36%에 해당하는 돈이다.

먼저 우리가 주목해야 할 것은 왜 외국인들이 한국 주식을, 특히 잘나가는 기업의 지분을 이토록 많이 갖고 있을까 하는 것이다. 그들은 우리에 비해 투자의 역사도 길고 시스템도 비교적 잘 갖춰져 있다. 기업 분석력, 예측력, 정보력 등도 우리보다 앞선다고 봐야 한다. 그들의 판단이 항상 옳은 것은 아니지만 수익을 내는 투자를 할 가능성이 높은 것만은 사실이다. 그런 그들이 국내 주식을 보유하고 있다는 것은 우리 산업의 전망을 긍정적으로 보고 있다는 뜻이다. 주가가 충분히 저평가되어 있고 앞으로 발전할 가능성이 높기 때문이다.

매년 기업들이 배당하는 시기가 오면 잊지도 않고 배당 잔치니 국부유출이니 하면서 몇 조가 해외로 빠져나갔다고 호들갑을 떤다. 그렇다면 우리가 외국 기업에 투자해 수익을 올리는 것도 비난 받아야 한다. 그리고 투자를 했으니 성과를 공유하는 것은 당연하다. 안타까운 점은 우리 국민이 뻔히 배당을 받아가는 것을 알면서도 기업의 성과를 공유하려 하지 않는다는 것이다. 최근 개인의 자금이 증시로 많이 들어오면서 동학개미운동이라는 말까지 생겼지만 전체 지분으로 보면 아직 많이 부족하다. 예탁결제원에 따르면 전체 증시에서 외국인과 기관을 제외한 개인의 비중은 2020년 기준 28%다. 2019년에 비하면 4%가 늘었다. 반가운 소식이지만 만족스럽지는 않다. 개인의 비중 28%에는 대주주의 지분도 포함되어 있기 때문이다. 정확한 통계자료는 없지만 순수 개인투자자의 지분은 미미할 것으로 추정된다.

GDP 10위 국가에 사는 국민의 돈은 도대체 어디에 있는 것일까. 절반이 주택에 묶여 있다. 나머지의 절반은 주택 이외의 부동산에 묶여 있다. 순금융자산은 20%가 조금 넘는 수준이다. 금융자산도 대부분 예금, 현금, 채권에 몰려 있다. 미국의 민간 금융자산 대비 주식 비중은 34% 내외, 보수적이라는 일본도 20%가 넘는다. 우리 국민이 자신들의 자산을 부동산과 현금, 예금, 채권에 묶어두고 있는 동안 우리 기업과 우리나라 사람들이 일해 일궈낸 성과 중 36%를 외국인들이 가져가고 있는 것이다.

한 나라의 경제가 더욱 튼튼하게 성장 발전하려면 기본적으로 자본시장이 커야 한다. 그래야 생산성이 좋은 곳에 양질의 자본이 몰리고 여기서 수익이 나면 배분이 되고, 그 배분된 돈이 다시 재투자되는 선순환 사이클이 만들어진다. 그런데 일반 국민뿐 아니라 전문가들이 있는 기관투자가들조차 주식보다는 채권에 대부분의 자금을 투자하고 있다.

우리 자신들을 믿고, 적어도 외국인이 우리나라 산업을 믿는 것만큼만 믿고 우리 미래에 대해 확신한다면 우리나라 기업에 투자를 해야 한다. 이를 통해 개인적으로는 배당과 시세차익이라는 과실을 거두고 크게는 우리 토종의 자본력을 강화해 우리 자본시장을 더욱 튼실하게 하는 애국도 하자는 것이다.

우리는 경제성장의 부를 함께 나누어 가질 권리가 있다. 국내에 있으므로 국내 기업에 투자하기 더 좋은 위치에 있다. 좋은 기업과 동행하고 장기투자를 하면서 같이 성장을 누려야 한다.

'열심히 일한 당신, 월급만 받아라'가 아니고 '열심히 일하고 열심히 투자한 당신, 기업 성장의 부를 함께 누려라'가 되어야 한다.

상식을 틀어쥐고
시간에 투자하라

이변은 흥미롭다. 올림픽에서 무명의 선수가 결승전에서 만난 최고의 선수를 물리치고 금메달을 목에 걸면 놀라움을 넘어 짜릿함마저 느껴진다. 우리는 상식적인 것보다 비상식적인 것을 더 많이 기억하고 있다. 상식적인 것은 '상식'이기에 군이 기억할 필요가 없기 때문이다. 또 이변을 즐겨 다루는 매체 덕분이기도 하다. 늘 벌어지는 일이라면 아무리 포장을 해도 이변보다는 흥미가 덜하다. 이변은 보여주는 것만으로도 충분히 재미가 있다.

주식과 관련된 이변은 어떤 것들이 있을까. 가장 먼저 떠오르는 것이 이른바 대박의 신화일 것이다. 구멍가게 수준이었던 기업이 어떤 계기로 인해 급성장해서 경영자와 투자자들이 대박을 맞았다는 일화, 적은 자금으로 주식투자를 시작했는데 2, 3년 사이에 수십, 수백 배로 불어난 일화들을 우리는 알고 있다. 그러면서 자신이 행운의 주인공이었으면 하고 상상을 해보기도 한다.

우리는 여기서 '이변(異變)'의 뜻을 알아볼 필요가 있다. 사전에서는 '예상하지 못한 사태나 괴이한 변고'로 이변의 뜻을 정의한다. 어렵게 말할 것 없이 '어지간해서는 일어나지 않는 일'이 이변이다. 세상에서 일어나는 일들 중 절대다수가 '상식적인 것'이고 따라서 세상은 상식에 따라 돌아간다. 이 사실을 모르는 사람은 없다. 그런데 일상생활에서는 지극히 상식적인 사람이, 주식투자를 할 때는 아주 비상식적인 생각을 하고 비상식적인 기대를 품는다.

비상식적인 기대란 비상식적인 수익을 보려는 욕심이다. 기적에 가까운 수익률을 낸 사람처럼 자신도 단기간에 그런 이익을 볼 수 있을 거라고 기대한다. 주가의 상승을 상식선에서 생각하자. 저평가된 주식이 제대로 평가되면서 주가가 올라가기도 하지만, 근본적으로 주가의 상승은 기업가치의 상승 때문이다. 기업가치의 상승에는 반드시 일정한 기간의 시간이 필요하다. 이 기간을 무시하고 단기간에 높은 수익을 얻으려는 것은 눈먼 돈이 자신에게 굴러들어올 것이라고 기대하는 것과 같다. 그런 일은 좀처럼 일어나지 않는 이변이다. 자칫하다가는 자신의 돈이 눈먼 돈이 되기 십상이다.

그러면 상식적인 수익이란 무엇인가? 시장의 수익률이 그것이다. 예를 들어 코스피 지수가 10% 올랐다고 한다면 10%의 수익이 상식적인 수준의 수익률이 된다. 자기 수익률이 10%를 넘으면 잘한 것이고 그 아래라면 투자를 잘 못한 것이 된다. 기업과 동행을 하다 보면 더 큰 수익을 볼 수 있는 기회들이 보이지만 우선은 이 상식선에서 생각해야 한다.

10여 년 전만 해도 연간 30~40%의 수익률은 되어야 만족한다는 사람이 적지 않았다. 환상이 깨지고 공부를 해가면서 점점 상식적인 투자를 하는 사람이 늘어났다. 하지만 여전히 비상식적인 수익률을 기대하는 사람이 많다. 특히 코로나 사태로 급락했던 코스피 지수가 급등할 때 계좌를 개설해 높은 수익률을 거둔 사람들에 대한 걱정이 있다. 주식시장을 만만하게 보고 높은 수익을 기대하기 쉽기 때문이다. 기업에 대한 공부를 깊이 하지 않고도 수익을 냈기 때문에 앞으로도 그럴 가능성이 높다. 기대수익률이 높을수록 리스크가 높은 투자를 하게 된다. 그래서 주당 가격이 낮거나 변동폭이 큰 주식에 눈이 간다. 허망한 꿈을 좇다가 허탈하게 빈손으로 돌아설 수 있다.

9·11테러 이후 내가 올린 투자수익률은 연평균 50%다. 정말

놀랍다. 9·11테러와 2008년 10월의 글로벌 금융위기는 나에게 큰 기회가 되었다. 하지만 나는 예나 지금이나 50%의 투자수익률을 기대하지 않는다. 내가 기대하는 수익률은 20% 정도다. 매년 4~5% 정도의 배당수익률만 보장이 된다면 나는 평생 해당 기업에 투자할 수 있다. 만약 내가 50% 수익률을 기대하고 투자했다면, 벌써 빈털터리가 되었을 것이다.

나는 아인슈타인이 불가사의하다고 했던 '복리의 기적'을 상식으로 믿고 있다. 이 기적을 낳는 것은 시간이다. 재테크에 관심이 없는 사람이라도 '72법칙(72/금리=기간)'은 들어보았을 것이다. 연간 10%의 수익을 낸다고 가정하면 매 7.2년마다 원금이 두 배가 된다. 지금 30세인 청년이 1,000만 원을 연간 수익률 10%의 복리로 운용한다면 30년 후에는 1억 7,000만 원의 거금을 손에 쥐게 된다. 15%의 복리일 경우에는 6억 6,000만 원이라는 자금이 생긴다.

주먹만 한 눈덩이라도 운동장 한 바퀴만 굴리면 어마어마한 크기가 된다. 눈덩이가 커지는 속도는 기하급수적으로 늘어난다. 이것이 '상식적인 기적'이다.

우리 주위에는 단기간에 어떻게 해보려고 하다가 정말 '인생 전체가 어떻게 되어버리는 경우'가 너무나 많다. 주식투자에서 상식은 상식적인 수익률을 기대하면서 좋은 회사를 골라 시간에 투자하는 것이다. 그러면 99% 성공할 수 있다. 나머지 1%가 이변인 셈인데, 이는 교통사고로 사망할 확률보다 낮다. 교통안전공단의 자료에 따르면 일평생 교통사고로 사망할 확률은 1.02%라고 한다.

나는 대리경영이라는 개념으로 주식투자를 하고 있다. 자기 사업이라고 생각하면 좀 더 확실하게 느껴질 것이다. 사업을 시작해서 1, 2년 이내에, 심지어 몇 개월 이내에 자본금의 몇 배를 벌 수 있는 사업이 있는가. 누가 그런 사업이 있다고 하면 십중팔구 사기라고 봐야 한다.

우리는 상식을 알고 있고 또 상식에 따라 살아야 한다는 것을 알고 있다. 그런데 여기에 과도한 욕심이 개입되면 갑자기 '몰상식한' 행동을 하게 된다. 역사는 반복된다. '이번만큼은 다르다'는 말이 있는데, 결국 이번에도 같다는 말이다.

상식으로 알고 있더라도 그대로 행동하기란 여간 어려운 일이 아니다. 그래서 정말 최선을 다해 상식을 움켜쥐고 있어야 한다. 그 바탕 위에서 시간에 투자해야 한다. 좋은 기업, 상식적인 기대수익률, 시간, 이 세 가지 요소가 만날 때 비로소 '상식적인 기적'이 이뤄지는 것이다.

3장

나의 주식시장
입문기

가난했던 어린 시절

　나는 덕유산 자락의 작은 산골 마을에서 부유하지도 그렇다고 가난하지도 않은 집의 장남으로 태어났다. 그저 당시 평균적인 시골 농가 수준의 살림이었다. 내가 여섯 살 되던 해 아버지께서 병석에 누우시면서 가세가 기울기 시작했다.

　농사짓던 전답은 하나둘 치료비로 팔려나갔다. 어머니는 아버지를 예전의 건강하던 모습으로 되돌리기 위해서라면 못할 것이 없었다. 하지만 아버지는 다시 건강해지지 못하셨다. 1년 여 동안의 병치레 끝에 돌아가시고 말았다. 그리고 집에 남아 있는 재산은 거의 없었다.

일곱 살 때 가난한 집의 장남이 되었다. 누나와 남동생, 여동생도 가난한 집의 아이들이 되었다. 당시 어머니는 37세였다. 젊은 나이에 혼자되신 어머니는 장사를 시작하셨다. 멀리 가서 생선을 떼다가 함지박에 이고 다니면서 팔기도 하셨고 소쿠리 장사를 하기도 하셨다. 모르긴 해도 머리에 이고 다닐 수 있는 것들은 거의 다 파시지 않았을까 생각한다.

농사지을 땅이 없으니 어쩔 수 없는 선택이었다. 그래도 우리집은 내내 가난했다. 학교에 가지 않는 날에는 땔감을 해 와야 했고 방학 때는 학비를 벌기 위해 광산에서 '알바'를 했다. 그 시절, 가난을 주제로 한 이야기야 한없이 많지만 유독 초등학교 6학년 때의 기억이 또렷하게 남아 있다.

졸업할 즈음, 수학여행을 가야 하는데 돈이 없었다. 내 기억으로는 3,000~4,000원이 채 안 되는 금액이었다. 시골에는 늘 현금이 부족하다. 지금이야 비닐하우스니 특용작물이니 해서 시골에서도 잘사는 집이 많지만 그때는 사정이 달랐다. 가을걷이나 해야 돈을 좀 만질 수 있었지, 다른 때는 정말 천 원짜리 한 장 없을 때도 많았다. 그게 일반적인 농가의 현실이었다.

우리 집은 그보다 더 가난했으니 몇천 원도 부담이 가는 액수였다. 집안 사정도 알고 있었고 또 간절하게 수학여행을 가고 싶은 것도 아니었다. 다만 다른 친구들은 가는 걸 나만 가지 못한다는 것이 조금은 서글펐다. 그래도 꼭 가고 싶다고 떼를 쓰지도 않았고 친구들이 여행을 가고 난 후 혼자서 울거나 그러지도 않았다. 수학여행이 뇌리에 깊이 박혀 있는 건 그때 있었던 사고 때문일 것이다.

6학년에는 나 말고도 몇몇 가난한 친구들이 있었고 그들도 수학여행을 가지 못했다. 인원이 차야 기본적인 경비가 나오니까 5학년 애들 3명을 추가로 데리고 갔다. 그런데 여행 중 머문 숙소에서 사고가 일어났다. 연탄가스였다. 가스와 기름보일러가 일반화되기 전까지 연탄가스 중독 사고는 심심찮게 일어났고 그 불행한 사고가 수학여행 간 꼬마들을 덮친 것이다.

그날의 사고 때문에 추가로 갔던 5학년 생 중 1명이 꽃 같은 목숨을 잃었다. 그때 내가 수학여행을 갔다면 또 어떤 일이 벌어졌을지 모른다. 나만을 생각하면 참 다행스러운 일이지만, 마냥 다행이라고 하기에는 너무 가슴 아픈 일이다. 이런 복잡한 감정 때문에 그날의 일이 잊히지 않는 것 같다.

다행히 나는 공부를 잘했다. 학교를 대표해서 나간 고전경시대회에서 준우승도 하고 그림 그리기 대회에서 상을 받기도 했다. 그리고 예나 지금이나 부모들의 자랑거리가 되기에 충분한 반장도 했다. 누나는 동생들을 위해서 일찍이 서울로 상경해 산업전선에 뛰어들었고 나도 살림을 유지하기 위해 고군분투하시는 어머니께 조금이라도 도움이 되고 싶어서 열심히 공부를 했다.

그런데 중학교에 진학할 무렵이 되자 내가 공부를 잘한 것이 집안의 고민거리가 되었다. 도저히 중학교에 보낼 형편이 안 되었던 것이다. 나 혼자라면 몰라도 밑으로 동생이 둘이나 딸려 있었다. 이런 경우, 상님이 돈을 벌어 동생들을 공부시키는 것이 일반적이었다.

그때 내 인생의 은인이 나서주셨다. 담임이었던 신용표 선생님께서 내 사정을 아시고는 어머니를 찾아오셨다. 키가 자그마한 분이셨는데, 거의 모든 학생들이 그분이 늘 갖고 다니시던 대나무 뿌리로 만든 회초리에 볼기짝을 맞았다. 선생님은 늘 "가난의 대물림을 끊으려면 너희들이 공부를 열심히 해야 한다"라고 말씀하셨다.

선생님께서는 "영옥이만큼은 꼭 공부를 시켜야 합니다"라는 말로 어머니를 설득하려고 하셨다. 그 당시에는 초등학교만 졸업하면 서울로 가서 돈을 버는 것이 '유행'이었다.

나도 우리 집 사정을 아는 터라 지레 포기하고 있었는데 선생님의 집요한 노력으로 어머니께서 마음을 돌리신 것이다. 그 자리에 있지 않아 구체적으로 어떤 이야기가 오갔는지 알 수는 없지만 아마도 선생님은 이렇게 말씀하셨는지도 모른다.

'공부를 잘하는 아이니까 들어가면 장학금을 받을 수 있을 겁

니다. 첫 등록금은 제가 내겠습니다.'

이렇게 짐작하는 이유는 이 둘 다 현실이 되었기 때문이다. 첫 등록금은 선생님께서 내주셨고 들어가서는 장학금을 받았다. 내가 진학한 장계중학교에는 김광수 국회의원께서 내주시는 장학금이 있었다. 그 덕분에 등록금을 내지 않고 학교를 다닐 수 있었다. 어머니는 중학생이었던 아들의 모습을 이렇게 기억하셨다.

"학교 안 가는 날에는 나무를 하러 가는데, 한참을 가야 돼. 그러면 그냥 안 가고 꼭 책을 들고 가는 거라. 그렇게 하니까 공부를 잘할 수밖에 없지."

지금은 어디를 가도 산이라고 하면 숲이 울창하다. 하지만 그때는 땔감을 구할 산이 많지 않았다. 우리 집에서 땔감이 있는 산까지 가려면 족히 2, 3킬로미터는 걸어가야 했다. 그 길을 걸어 다니면서 틈틈이 책을 읽었다. 가끔씩 고향에 가면 옛날이 그리워서 산길을 돌아본다. 50년이 다 되어가는 지금, 내가 다녔던 길은 수풀이 우거져 들어갈 수가 없다. 그래도 그리운 마음에 기웃기웃 하다 보면 탐나는 것들이 보인다. 간벌한 뒤에 아무렇게나 쌓여 있는 나무들이 그것이다. 그 귀한 땔감들이 산에서 그냥 썩어가는 게 아깝고, 쓸데도 없으면서 한 트럭 실어가고 싶어진다.

중학교 3학년 때 성적이 좋은 학생들을 '집중 관리'하는 우열반을 만들었는데 나도 뽑혔다. 우반 학생들은 밤에도 학교에 남아 공부를 해야 했다. 한밤중까지 학교에서 공부하며 통학할 수는 없어서 1년 동안 친구 두 명과 자취를 했다. 공부도 효율적으로 할 수 있었고 어린 시절에 친구들과 '독립적인 공간'에서 지내는 것도 재미있었다.

2학기가 끝나가고 고등학교 진학을 결정해야 할 때가 되자 3년 전에 겪었던 문제가 다시 떠올랐다. 그 사이 살림살이는 나아지지 않았고 이번에도 고등학교에 진학할 돈이 없었다. 그때 학교에서 부산 해양고등학교와 금오공고에 갈 수 있도록 추천을 해주었다. 국비로 등록금 없이 다닐 수 있는 학교들이었다. 하지만 두 학교 모두 내게는 그림의 떡이었다. 객지 생활을 하려면 등록금보다는 생활비가 더 많이 드는 법이다. 1년 동안 자취할 때도 마음이 편하지 않았다. 어머니께 부담을 지우는 것 같았다.

그런 일을 또 3년 동안 하기는 싫었다. 집에서 통학할 수 있는 고등학교가 있긴 했다. 내 성적 정도면 장학생으로 다닐 수도 있는데, 농업고등학교였다. 집에 농사지을 땅이 있는 것도 아니고 딱히 비전이 보이지도 않았다.

1년 동안 자취까지 하면서 열심히 공부했는데 이왕이면 성적이 우수한 학생들만 갈 수 있는 전주고등학교에 시험을 쳐보고 싶었다. 시험도 쳐보지 못하면 지난 노력이 너무 아까울 것 같았다. 하루에 열두 번, 마음만 내다가 결국 포기하고 말았다. 합격이 된다고 해도 갈 수 없는 형편인데, 굳이 시험을 봐서 무엇 하겠느냐는 생각이 들었던 것이다.

나는 마음이 급했다. 공짜로 다니면 또 모를까 돈을 써가며 지내기에는 고등학교 3년이 너무 길었다. 그 시절 많은 사람들이 그랬던 것처럼, 졸업을 하고 상경하기로 결심했다.

독자들은 지금 이 글을 읽으면서 '참 안됐다'고 생각할지 모른다. 어린 시절 고생담을 참 눈물겹게 묘사한 책들도 보았다. 그런데 나는 그 시절 조금도 불행하지 않았다. 뭘 몰라서가 아니라, 그 당시의 상황을 그냥 잘 받아들인 것 같다. 주변에 사는 대부분의 가정이 그리 넉넉하지 않았던 영향도 있을 것이다. 지금 생각해보면 그 시절이 참 그립다.

나는 철이 일찍 들었다기보다는 타고난 성격이 낙천적이었던 것 같다. 지금도 여전히 낙천적이고 긍정적이다. 이것이 오늘의 나를 있게 한 근원적인 힘이 아닌가 생각한다. 물론 긍정적인 성격이 항상 긍정적인 결과를 낳는다고 자신할 수는 없다. 하지만 나는 부정적인 생각이 긍정적인 결과를 낳은 경우는 아직까지 보지 못했다.

주경야독 속에서
목표를 세우다

1977년 봄, 갓 중학교를 졸업한 나는 서울행 고속버스를 탔다. 처음 타보는 고속버스가 잘 닦여진 고속도로를 달렸다. 깨끗한 실내에서 미끄러지듯 달리는 차창 밖으로 개나리와 진달래가 피어 있었다. 온 천지가 새봄의 생기로 가득 차 있었다. 설렘, 기대, 희망 그리고 약간의 불안, 말 그대로 만감이 교차했다.

나는 당시 유행하던 나팔바지와 물방울무늬가 있는 와이셔츠에 흰 고무신을 신고 있었다. 창밖을 보면서 '앞으로 나는 어떻게 살아야 하는가?'라는 생각을 했던 것 같다.

서울에 올라올 수 있었던 건 문화방송에 다니던 고종사촌 형

덕분이었다. 내가 생활비 때문에 고등학교에 못 간 사실을 안 형은 서울로 올라와 같이 지내자고 했다. 형은 내가 덕수상고를 졸업한 뒤 은행원이 되기를 바랐다. 그때만 해도 상고 나와서 은행에 들어가는 게 시골에서 알고 있는 가장 성공한 케이스였다.

그런데 막상 서울의 형네 집에 가보니 상황이 녹록치 않았다. 친척 일곱 명이 콩나물시루 같은 방 두 칸에서 오글오글 지내고 있었다. 그때는 누가 도회지에 있다고 하면 형제는 물론이고 친척들도 무작정 짐을 싸서 보내던 시절이었다. 어린 동생이 시골에 있으니 안타까운 마음에 불러올린 것인데, 그 좁은 집에 나까지 들어가는 건 누구에게도 좋은 일이 아니었다. 며칠 지내다가 광신섬유라는 공장에 다니고 있던 다른 고종사촌 형네 집으로 거처를 옮겼다.

뜻을 품으면 안 되는 일이 없지만 또 뜻대로 되지 않는 게 인생이기도 하다. 덕수상고는 쉽게 들어갈 수 있는 학교가 아니었다. 조금 과장을 하자면 전국에서 똑똑한 아이들이 다 모이는 학교였다. 이왕 그해 입학하기는 틀렸으니 1년 동안 공부를 해야 하는데 그럴 여건이 되지 못했다. 누가 지원을 해준다면 모를까 내 주위에서 그만큼 경제 사정이 넉넉한 친척은 없었다.

나는 집안의 장남으로서 더 이상 머뭇거릴 시간이 없었다. 그해 8월, 형의 소개로 섬유가공 공장에 들어갔다. 생애 처음으로 산업전선에 뛰어든 것이다. 일을 해가면서 검정고시를 볼 요량이었다. 중학교 때까지 내내 상위권에 있었으니 공부에는 웬만큼 자신이 있었다. 일을 해가면서 공부를 하면 덕수상고는 어렵더라도 검정고시쯤은 통과할 수 있을 거라고 생각했다.

그러나 이것 역시 '촌놈'의 섣부른 짐작이었다. 섬유공장의 근무 여건은 열악했다. 12시간씩 2교대 근무에 한 달에 쉬는 날은 딱 이틀뿐이었다. 한창 기운이 팔팔할 때고 적응이 되어서 몰랐는데, 공장을 그만둔 뒤에 한 번 가보니 악취가 코를 찔렀다. 섬유가공에 들어가는 화학약품 냄새였다.

공장에 들어간 지 얼마 지나지 않아 기숙사로 들어갔다. 돈을 모으고 시간을 절약하기 위한 방편이었다. 퇴근하고 기숙사에 가면 픽픽 쓰러질 정도였다. 장시간의 노동에 지친 몸, 약품에 찌들어 멍한 머리, 그래도 늘 손에서 책을 놓지 않았다. 학업적인 면에서는 검정고시를 치를 준비가 되었는데, 엉뚱한 곳에서 문제가 터졌다.

당시에는 고등학교에 진학하지 못한 사람은 군대에 가기 전에도 민방위 훈련을 받아야 했다. 주민등록지가 장충동에 있는 고종사촌 형 집으로 되어 있었고 공장은 천호동이었다. 시간을 내서 가야 하는데, 그러지를 못했다. 몇 번 불참하자 곧바로 주민등록이 말소되어버린 것이다. 또 검정고시를 보려면 졸업한 학교에 가서 졸업증명서도 발급받아야 하는데 그 시간을 낼 수가 없었다. 그렇게 검정고시를 볼 수 있는 두 번의 기회를 놓치고 말았다.

그렇게 일을 하면서 하염없이 시간을 보냈다. 시험을 치지 않더라도 주민등록은 살려야겠기에 장충동 동사무소에 갔다. 그런데 동사무소 벽에 붙어 있는 기회를 발견했다. 통신고등학교 입학 요강이었다. 우연히 발견한 기회로 나는 경복부설방송통신학교에 입학했다. 내 나이 19세, 친구들이 3학년이 되었을 때 나는 1학년이 되었다.

다행히 한 달에 두 번 출석 수업이 있는 날이, 딱 두 번 쉬는 회사의 휴일과 겹쳐서 한 번도 학교를 빼먹지 않을 수 있었다. 방송 수업은 매일 새벽 5시와 밤 11시에 있었다. 나처럼 일을 하면서 학업을 계속하는 사람들을 위한 배려였다.

그래도 12시간씩 근무해야 하는 나는 방송 수업을 듣기가 어려웠다. 야간작업을 할 때는 기계를 돌려놓고 방송 수업을 듣다가 사고를 일으키기도 했다. 큰 사고는 아니었지만 회사 입장에서 보면 일정 부분 손해를 끼친 것이었는데 크게 문제 삼지는 않았던 것 같다. 어쩌면 일하면서 공부한다고 애를 쓰는 게 기특해서 봐줬을지도 모른다. 회사 일을 열심히 해서 한 부서를 맡는 중간책임자의 역할도 맡았고 처음에 3~4만 원이던 월급도 12만 원까지 올랐다.

그 무렵, 생각이 많았다. 내가 고등학교 1학년 때 친구들은 어느 대학의 어떤 학과를 지원할까 고민하는 것을 보았다. 그때까지만 해도 대학을 꼭 가야겠다는 생각은 하지 않았다. 그런데 2학년이 되면서 실제로 대학생이 된 친구들의 생활을 보자 마음이 그리 편하지만은 않았다. 2학년이 끝나갈 무렵에야 비로소 대학에 가야겠다고 마음먹었다. 동생들도 초등학교를 졸업하면서 집안일을 돕고 있어서 심리적인 여유가 조금은 생겼다. 하지만 12시간 맞교대를 하면서 입시공부를 할 수는 없었다.

그동안 부었던 적금을 타서 어머니께 드리고 오전에만 일하는 자리를 찾았다. 오전에 생활비를 벌고 오후에는 공부를 할 요량이었다. 하지만 그런 일은 쉽게 찾아지지 않았다.

그러고 있던 차에 방송국에 다니던 형이 오전에 불광동 시외버스터미널에서 신문을 팔아보라는 이야기를 했다. 처음에는 눈앞이 캄캄하고 용기가 나지 않았다. 하지만 오전에 일하고 오후에 공부할 수 있는 다른 직장을 찾을 수 없었다. 공부를 하기 위해서는 다른 방법이 없었다. 조간신문은 80원, 스포츠신문은 100원, 한 부를 팔면 20원이 내 몫이었다. 처음에는 버스에 올라가 출발을 기다리는 승객들에게 '조간 있어요. 일간스포츠 있어요'라는 말이 나오지 않았다. 하지만 어머니를 닮아 장사수완이 있었는지, 신문을 꽤 잘 팔았다.

오전 8시부터 오후 3시까지 신문을 팔았는데, 예상 밖의 일이 일어났다. 12시간 맞교대로, 3년 넘게 일한 직장에서는 12만 원을 받았다. 그런데 하루 8시간 동안 신문을 파니까 한 달 평균 15만 원, 잘 팔릴 때는 20만 원이 넘는 때도 있었다.

그때 내게 신문을 샀던 분 중 '신문팔이 박영옥'을 기억하는 분은 없을 것이다. 그래도 100원을 내고 거스름돈 20원을 '격려금'으로 주신 분들께 감사의 말을 전하고 싶다. 그분들이 20원을 받지 않으신 건 귀찮아서가 아니라 어린아이가 열심히 신문을 파니까 작은 도움이라도 주려는 뜻이었다고 생각한다. 그때도 고마웠고 또 지금도 고맙다.

신문을 팔고 난 뒤에는 학원에서 공부를 했다. 학원비를 절약하기 위해 청량리에 있는 청산학원에서 지도원으로 일하면서 공부를 했다. 선생님들이 하는 수업은 귀에 쏙쏙 들어와 머리에 콕콕 박혔다. 누군가 '공부가 제일 쉬웠다'고 하더니 나도 그때는 공부가 참 쉽고 재미있었다. 조금 빨리 이런 학원에서 공부를 했더라면 하는 아쉬움이 많았다. 그 아쉬움이 클수록 단 1초라도 아껴서 공부에 매진했다.

고등학교 3학년 때 21세가 되면서 나이 제한에 걸려 군대 문제를 해결해야 했다. 대학도 다니고 군문제도 해결할 수 있는 방법을 찾다가 사관학교나 교육대학에 가기로 했다. 일반대학에 비해 전형이 빠른 해군사관학교에 시험을 쳐서 합격했다.

공부도 하고 군복무도 마치고 장교로서 멋진 생도생활을 꿈꾸며 진해에 있는 해군사관학교에서 면접을 봤다. 그런데 면접 때 가서 보니 내가 미처 생각하지 못한 부분이 있었다. 나는 무엇을 하든 자율적으로, 주도적으로 하는 것을 좋아하는데 군대는 그런 곳이 아니었다. 군대의 명령과 복종 체계는 내게 맞지 않을 것 같았다.

그래서 이번에는 서울교육대에 원서를 내고 예비소집까지 갔으나 초등학교의 의자와 책상이 내게는 너무 작아 보였다. 그해에 서울교육대학이 2년제에서 4년제로 바뀐 것도 교육대를 포기한 중요한 이유가 되었다. 4년 동안 공부해서 선생님이 되기에는 마음이 너무 바빴다. 장남의 역할을 해내고 또 스스로 독립하기까지의 시간이 너무나 까마득하게 느껴졌다. 하루라도 빨리 공부를 마치고 돈을 벌고 싶었고 또 그래야 했다.

결국 최종 등록은 중앙대학교 경영학부로 했다. 특수장학생으로 4년 동안 등록금이 면제되었고 월 10만 원씩 보조금까지 있었다. 한 달 동안 입에서 단내 나도록 일해야 겨우 12만 원을 받는데, '공짜'로 배우면서 용돈 10만 원까지 받는 세상이 있다는 걸 그때 알았다.

등록금을 내지 않으니 '공짜'라고 표현했지만 하늘에서 뚝 떨어지는 돈이라고 생각하지는 않았다. 그 돈은 우리 사회가 주는 돈이라는 것을 알고 있었고, 내가 우리 사회에 항상 고마움을 가지는 계기가 되었다. 그리고 언젠가 나도 사회에 도움이 되는 사람으로 성장해야겠다는 소망도 생겼다. 나의 삶과 주식투자에 대한 철학의 씨앗이 이때 잉태되었는지도 모르겠다.

증권의 세계에 들어서다

공장에서 일하던 시절부터 내게는 꿈이 있었다. 공장장이었다. 삼덕섬유에서 일하면서 본 공장장은 세상에서 가장 멋진 직업이었다. 공장 전체에서 일어나는 일을 손바닥 보듯이 환하게 알고 그 복잡한 생산 기계와 공정을 간단하게 컨트롤하는 것이 그렇게 멋지게 보일 수 없었다. 대학을 졸업해서 현대나 엘지, 삼성 같은 데 들어가서 공장장을 해보고 싶었다. 그래서 생산관리와 원가회계 등에 관심을 두고 공부했던 기억이 있다.

군대 문제를 빨리 해결하고 싶어서 입학한 후 1학기를 마치고 곧바로 입대했다. 제대하고 복학을 한 후 공부에만 전념했다. 기숙사 생활을 하면서 공인회계사를 준비했으나 영어시험의 문턱을 넘지 못해 두 번이나 떨어졌다. 3학년 2학기에 지도 교수님의 권유로 증권분석사 시험을 보게 되었다. 그때가 1987년 9월이었는데, 당시 주식시장은 온통 '빨간 꽃'이었다. 3저를 바탕으로 유사 이래 처음으로 나라의 경상수지가 큰 폭의 흑자를 기록하고 있던 때였다.

거센 증권바람이 불고 있었고 돈 있고 '빽' 있고 능력 있는 사람들이 증권가로 몰려들고 있었다. 교수님께서 기출 문제들을 보여주시는데, 그리 어려울 것 같지 않았다.

공인회계사 공부도 한 터라 중복되는 과목이 많았다. 그해 12월, 시험을 쳤는데 덜컥 합격을 했다. 합격이 되었을 때만 해도 그것이 내 인생을 완전히 바꿀 거라고는 예상하지 못했다. 경영학도로서 증권시장에 관심이야 있었지만 그것을 천직으로 삼겠다는 생각은 없었다.

당시 41명인가가 합격을 했는데, 그중 학생이었던 사람은 세 명뿐이었던 것으로 알고 있다. 한 회사의 공장장이나 조그마한 공장을 가지고 싶었던 청년의 꿈은 증권분석사 시험에 합격하면서 완전히 바뀌게 되었다. 시험에 합격한 덕분에 학생 신분으로 현대투자연구소에 취업이 되었다. 당시 현대투자연구소는 주식투자와 관련된 분석보고서 발간과 투자 강의 등을 하는 곳이었다.

연구소장으로 있던 조승제 소장님께 면접을 봤는데 제도권에서 사람을 데려오기도 마땅찮고 신선한 시각이 필요하다며 함께 일해보자고 했다. 대화를 하다 보니 같이 일하면 좋을 것 같았다. 그래서 현대투자연구소에 선임 연구원으로 일하게 되었다.

이제 겨우 증권분석사 시험에 합격한 사람이 선임 연구원으로 채용되었다고 하니 의아하게 여기는 독자들도 있을 것이다. 당시 연구소는 증권분석사 자격증이 있는 사람이 필요했는데 고용 가능한 사람이 많지 않았다.

증권분석사의 수가 부족했고 그나마 있는 사람들 중 대부분은 은행이나 증권사의 직원이었다. 나머지 합격자들도 연구소보다는 증권사에 들어가려고 했다. 우리나라 증시가 불꽃을 틔우면서 우수한 인재들이 증권사에 들어가려고 불꽃 경쟁을 펼쳤다. '사' 자 직업보다 증권사 직원이 사윗감으로 더 선호되기도 했다. 이런 상황이었기에 학생인 나에게까지 기회가 왔던 것이다.

연구소에서 들어가서부터 진짜 주식 공부가 시작되었다. 약 11개월의 짧은 기간이었지만 증권사에서 10년 이상 근무한 것보다도 더 많은 것을 배웠다. 연구소에서는 국내 최초로 《주간 주식정보》와 《월간 주식정보》를 유료로 발간했고 나는 선임 연구원이자 투자분석 실장이면서 기자였다. 한국 증권시장에 대한 정책 전망이라는 기획으로 YS와 DJ를 인터뷰해 기사를 쓰기도 했다.

매주 써야 하는 주간 시황과 관심종목을 선정하기 위해서는 많은 공부와 열정을 쏟아부어야만 했다. '모든 투자의 책임은 본인에게 있다'지만 매주 주간 전망을 내놓는 일은 여간 부담스러운 일이 아니었다. 그 부담감 때문에 더 공부하고 더 연구했다. 시황이란 온갖 요인에 의해 수시로 바뀔 수 있으므로 인쇄 직전까지 기사 내용을 수정했다. 집에 가는 날보다 사무실이나 인쇄소에서 밤을 새는 날이 더 많았다. 그 시절에 주식에 대한 기본이 다져졌다.

그렇게 바빴어도 학교 공부를 허투루 하지는 않았다. 학점이 B+ 이상 되지 않으면 장학금이 나오지 않았다. 1988년 8월, 평점 4.1로 조기 졸업을 했다. 연구소에서 근무한 지 10개월째인 1988년 10월에는 한 달 동안 전국 투어 투자설명회를 다녔다. 서울상공회의소를 시작으로 대전, 대구, 부산, 광주, 인천, 수원 등 전국 대도시를 한 바퀴 돌았다. 5만 원짜리 유료강의였는데도 강연장은 늘 만원이었다. 당시 주식 열풍이 전국을 강타하면서 지방 어디를 가도 환대를 받았다. 하지만 고작 20대 후반의 나이에 많은 사람들 앞에서 강의를 한다는 건 쉬운 일이 아니었다.

청중들 중에는 이론과 경험에서 나보다 나은 사람들도 많았을 것이다. 처음에는 준비해간 강의 내용이 보이지도 않았다. 말 그대로 흰 것은 종이고 검은 것은 글자라고 할 정도였다. 질문도 많이 받았다. 그중에는 증권사에서 잔뼈가 굵은 분들도 있었다. 어떻게 대답했는지 지금도 기억이 나지 않는다. 제대로 대답을 했다는 소장님의 말씀이 위안이 되었다.

질문을 받고 대답하는 과정에서 이론적인 면에서는 다른 사람보다 나을지 몰라도 실제 투자 경험이 없다는 사실을 절실히 깨달았다. 부산에 갔을 때 한 교수님이 내게 자료를 부탁한 것이 연구소를 떠나는 결정적인 계기로 작용했다. 어떤 자료를 요구했는지는 기억나지 않지만, 중요한 것은 그 자료가 우리 연구소에는 없었다는 점이다. 여기저기서 짜깁기를 하고 이론적으로 추론한 것일 뿐 공신력 있는 자료라고 할 만한 것이 축적되어 있지 않았다.

내가 배우고 주간 시황을 쓰고 강연한 내용들이 틀린 것은 아니다. 하지만 이론만 가지고 계속 버틸 수는 없었다. 그것은 한쪽 바퀴가 빠진 수레와 같았다. 나는 주식투자의 현장으로 뛰어들어야 할 필요성을 강하게 느꼈다. 1988년 12월, 전국 투어가 끝나고 대신증권의 신입사원으로 입사했다.

치열한 제도권 주식시장에서
펼친 날개

　　대신증권에 입사할 무렵 H증권에서 대리로 스카우트를 하고 싶다는 제의가 들어왔는데, 굳이 시험을 쳐서 대신증권 신입사원으로 들어갔다. 내가 대신증권을 선택한 이유는 밑바닥부터 경험하면서 차근차근 올라가고 싶었기 때문이다.

　　그리고 또 하나는 미디어 때문이었다. 큰 대(大), 믿을 신(信)이라고 해서 항상 광고에 나왔고 뉴스 시간만 되면 대신증권 영업부가 나왔다. 그래서 대신증권이 증권사 중에서는 제일 좋은 줄 알았다 (대신증권이 나쁘다는 뜻은 절대로 아니다. 지금도 대신증권과 동행하고 있다).

　　나는 '귀엽고 싹싹한' 신입직원은 아니었다. 신입직원이라고 하면 선배들 심부름하고 전화나 받고 하는 게 보통인데 나는 그보다는 영업에 열중했다. 실무 경험은 떨어져도 연구소에서 쌓은 지식과 고객을 확보할 수 있는 인적 네트워크를 가진 덕에 선배들보다 더 좋은 성과를 낼 수 있었다. 직장생활을 하면서 한 번도 월급을 받으려고 일한 적은 없었다. 내가 하는 일이 모두 내 사업이라는 생각으로 일했다. 증권사에서 내 고객들의 재산관리를 잘해서 수익을 크게 내주면 회사도 좋아지고 그러면 더불어 나도 좋아진다는 것이 직장생활에 대한 나의 생각이었다. 이것이 좋은 성과를 냈던 이유다.

사람의 마음이 100%는 없는지라 후회한 적도 있긴 했다. 연구소에서 같이 일하던 직원들이 와서 '선임 연구원님이 왜 여기 와서 이 고생을 하느냐'고 할 때는 '정말 내가 여기서 왜 이러고 있나'라는 생각을 하기도 했었다. 대신증권에 들어간 후 3개월 동안은 '차라리 대리로 스카우트되어서 갔으면 이런 일은 안 해도 되는데'라며 후회하기도 했다. 하지만 진급이나 월급보다는 내가 하는 일의 성과를 더 중요하게 여기고, 또 노력한 만큼 결과가 나오니까 금방 적응이 되었다.

대신증권에 입사하면서 중앙대학교 국제경영대학원에 입학했다. 자본시장에 관한 공부를 좀 더 하고 싶어서였다. 직장생활을 하면서 한국의 증권시장에 대해 본격적으로 공부하며 투자자들의 행태를 분석하기도 했다. 석사학위 논문은 「한국 증권시장에서의 기술적 분석지표의 유용성에 관한 연구」였다. 나도 증권사 입문 초기에는 단기적인 매매를 할 수밖에 없는 구조에서 '기술적 지표'의 신봉자가 되었다.

증권사 입사를 결정하면서 장기적인 계획을 세웠었다. 우선 증권사에서 4~5년 근무를 하고 자문사에서 펀드매니저를 한 뒤 나만의 고유펀드를 만드는 것이었다. 열심히 노력하고 성과가 좋아서인지 4년차 되던 해에 국제투자자문에서 스카우트 제의가 왔다. 국제투자자문에서는 고객의 자산관리와 은행의 펀드 관리 업무를 맡았다.

당시에 산업은행 펀드를 자문해주는 13개 자문사 중에서 가장 우수한 성적을 거두기도 했다. 3년이 채 안 되는 기간 동안 자문사에서 근무를 한 뒤 교보증권으로 자리를 옮겼다. 상품운용을 해달라며 과장으로 스카우트 제의가 온 것이다.

교보증권 주식운용부에는 4명의 과장이 스카우트되어 왔다. 운용자산이 장부가로 1,000억 원 정도였으나 평가금액은 500억 원이었다. 자유롭게 운용할 수 있는 자금이 없었고 운용 방식도 자유롭지 못했다. 그 뒤 교보증권이 증자를 하면서 신규자금 200억 원이 주식운용부에 주어졌다. 4명의 과장이 50억 원씩 배분 받아 운용했는데 약 3개월간의 수익률은 크게 달랐다.

　나는 약 15억 원의 이익을 냈던 데 비해 비슷한 액수의 손실을 낸 사람도 있었다. 짧은 기간 똑같은 조건에서 투자를 했는데도 그 결과는 천양지차였다. 그래도 나는 만족스럽지 않았다. 운용 규모가 너무 적었고 의사결정도 자유롭지 못했다. 내가 바라던 증권사의 주식운용이 아니었다. 때마침 인사이동 시기가 와서 사당지점으로 발령을 받았다. 나는 사당지점으로 가면서 일종의 특명을 받았다고 생각했다. 당시 사당지점은 꼴찌였다. 내가 자금운용 성과가 좋았으니까 사당지점을 바꾸라는 뜻으로 받아들였다. 사당지점에는 동서증권 출신으로 나와 함께 발령을 받은 김영선 지점장이 먼저 와 계셨다. 사당지점에서 나의 진가가 드러났다.

　김영선 지점장과 더불어 열심히 영업을 했고 3년 만에 꼴찌 하던 지점을 최우수 점포로 만들었다. 이로 인해 최우수 사원 표창을 받았다. 1997년 9월, 내 나이 서른일곱에 압구정지점장으로 발령이 났다. 나중에 들은 바로는 이사회의 만장일치로 결정되었다고 한다.

　4년 내내 장학금을 받았고 학생일 때 증권분석사 시험에 합격했다. 학생일 때 취업이 되었고 사회초년생일 때 스카우트 제의를 받았다. 이후 내내 스카우트 제의를 받고 자리를 옮겼고 내내 성과가 좋았다.

어린 시절부터 쉽게 살아온 적은 없다. 하지만 몸이 힘들 뿐 마음은 힘들지 않았다. 내가 계획한 것은 거의 다 이루어졌다. 동료들의 부러움을 사기도 했다. 돌이켜보면 당시 나는 어느 정도 자만심에 차 있었던 것 같다.

'다행히, 천만 다행히도' 나는 지독한 실패를 경험하게 되었다. 그때의 실패가 없었다면 오늘의 나는 없었을 것이다. 압구정지점장으로 발령받은 지 얼마 되지 않아 외환위기 사태가 터졌다. 이 책의 서두에서 이야기했듯이 단기투자에 열을 올리고 있던 상황이었다. 단기투자는 실패할 수밖에 없는 방식이라는 사실을 그때서야 깨달았다.

그리고 내가 신봉했던 기술적 지표는 일부 유용하긴 하지만 주가와 거래량의 그림자에 불과하다는 원리를 터득했다. 결국 주가는 기업의 내재 가치에 의해서 움직인다는 대명제를 깨닫게 된 것이다.

농심투자철학을
확고히 하다

모든 조직은 직급이 올라갈수록 업무 자체보다는 사람을 관리하는 일이 많아지기 마련이다. 증권사의 지점장도 한 지점의 최고 관리자다 보니 조직원들을 관리하는 일이 주 업무가 되었다. 그런데 나는 조직관리보다는 고객과 함께 자산관리를 하는 것이 더 좋았다. 내가 평생 증권사에 근무할 생각이었다면 당연히 조직관리를 해야 한다. 하자고 하면 못할 것도 없다. 그러나 내가 증권사에 들어간 이유는 자산운용을 하기 위해서였다. 그래서 지점장은 내게 그리 달가운 직책이 아니었다.

더구나 압구정지점장을 할 때는 살얼음판을 걷는 것 같았다.

당시 우리 주식시장은 과거에 경험해보지 못한 IMF 상황이었고 지점에 있는 영업직원 중 일부가 월급이 가압류된 상태였다. 월급이 압류되었다고 모두가 횡령 등의 사고를 치는 것은 아니다. 그러나 평상시보다 더 많은 유혹에 노출되는 것은 엄연한 사실이다. 생활고에 시달리게 되면 앞뒤 분간을 못할 가능성이 높아진다. 폭락한 증시에 대한 대책을 세우기에도 버거운데, 혹시라도 사고가 나지 않을까 걱정하고 관리하다 보니 도저히 업무에 집중할 수가 없었다.

나는 투자를 해서 고객들의 돈을 불려주는 일을 하고 싶었다. 관리보다는 투자가 내 적성에도 맞았고 하고 싶은 일이었다. 또 고객의 자산이나 증권사의 고유자산을 운영하는 것이 증권인 본연의 임무라고 생각했다. 그래서 자리를 옮겨달라고 부탁을 했지만 받아들여지지 않았다. 시간이 조금 지난 뒤에 다시 요청을 했고 다시 거부되었다. 그렇게 세 번을 요청한 끝에 본사 영업부로 발령을 받았다.

자리를 옮기는 건 내가 원한 것이 맞는데 본사 영업부는 아니었다. 나는 다른 지점장이 압구정점으로 오고 나는 영업 부장으로 남고 싶었다. 직급으로 보면 한 단계 아래로 내려가는 셈인데 나는 전혀 신경 쓰이지 않았다. 고객들의 돈을 받아서 좋은 기업에 투자하고 수익을 내주면 되는 것이지 직급 따위는 아무래도 상관이 없었다.

　그래도 본사 입장은 달랐다. 내 입장에서 보면 하고 싶은 일을 찾아가는 거지만 본사 입장에서는 좌천되는 꼴이라고 여겼다. 마침 사당지점에서 같이 일하던 지점장님이 본사 영업부 총괄부장으로 계셨는데, 이분이 '박영옥이랑 일을 하고 싶다'고 해서 본사로 가게 된 것이다. 1998년 5월이었다.

　영업부에서 일하니까 비로소 내가 하고 싶은 일에 몰입할 수 있었다. 사람 관리, 각종 서류 정리 등을 하지 않아도 되었다. 그때 부터 기업 방문의 방식을 달리하기 시작했다. 종전에는 무조건 방문 기업의 숫자만 늘리려고 했다면 그때부터는 하나의 기업을 가더 라도 장기적인 관점에서 기업을 내 고객처럼 관리한다는 마음으로 임직원들을 만났다. 치밀하게 준비하고 가는 기업 방문은 내가 낸 성과의 핵심 중 하나다. 자료로만 보는 기업의 정보는 반쪽짜리다. 내가 잘 알지도 못하는 기업을 고객에게 들고 가서 투자를 권유할 수는 없는 일이다.

　IMF로 인해 폭락했던 증시는 1999년 말에 완전히 회복되었 다. 어떤 기업의 주식은 그 이전보다 훨씬 더 크게 오르기도 했다. 일한 만큼 성과가 있었고 또 그럴수록 일할 맛이 났다. 그렇게 1년 남짓 재미있게 일하고 있는데 다시 지점장으로 나가달라는 요청이 떨어졌다.

여담이지만 나는 증권사 지점장들을 만나면 항상 내가 밥을 산다. 그들보다 내가 부자여서라기보다는 그 사정을 잘 알기 때문이다. 지점장으로 일하면서 아내에게 월급을 제대로 가져다줘 본 적이 없다. 지점장 판공비는 물론이고 월급까지 직원들 밥 먹이고 술 먹이는 데 썼다. 거기다 친구들이라도 만나면 '지점장님이 한 턱 쏘셔야지'라면서 술을 사라고 했다. 앓는 소리 하기 싫어서 사다 보니 적자가 나는 달도 많았다. 촌놈이라 그런지 내 잇속을 먼저 챙기는 영리함이 내게는 없다. 생활비는 아내가 책임졌다.

놀랍게도, 증권사 직원들 중에 부자가 별로 없다. 가만 생각해 보면 정말 어이없고 기가 막힌 일이다. '이런 종목이 좋습니다' 하고 추천해주는 사람들이, 다시 말해 투자할 만한 좋은 기업을 잘 알고 있다는 사람들이 부자가 아니라는 건 이해하기 어려운 일이다. 이런 난센스가 현실이 된 것은 시황에 따라 사고팔기를 반복하기 때문이다. 단기매매는 열 번 잘해도 한 번 잘못하면 쪽박을 차게 된다.

일도 내가 원하는 일이 아니고 이래저래 어려운 일이 많은 자리에 다시 가고 싶지 않았다. 압구정지점에서 겪은 것만으로도 충분했다. 또 지점에 있으면 실패 이후 세웠던 원칙을 지킬 수도 없다. '주식투자라는 것은 사업을 한다는 마인드를 가져야 하고 좋은 기업에 장기투자를 하는 것만이 정답'이라는 원칙이다. 장기투자를 하려면 기업에 대한 신뢰가 있어야 한다. 신뢰가 형성되려면 지속적인 소통이 필요하다. 그렇지 않으면 믿고 기다릴 수가 없다. 다시 지점으로 나가면 기업을 방문할 여력이 없어지고 그러면 정답을 알면서도 오답을 찍어야 한다.

사직서는 한동안 받아들여지지 않다가 내가 '도망을 친' 다음에야 수리되었다. 그리고 기회가 왔다. 잠시 삼성투자증권에 투자전문위원으로 일을 하던 중 9.11테러가 터졌다. 쌍둥이 빌딩이 무너지면서 미국은 물론이고 국내의 증시까지 무너졌다. 그때 투자전문위원도 그만두고 그동안 동행해왔던 우량기업들을 사서 잠수를 탔다. 내가 보기에 미래 상황은 명백했다. 나라가 망했다던 IMF 사태 때도 시간이 지나자 증시는 회복되었다. 이번에도 다르지 않을 거라고 판단했다.

기업의 문제가 아니라 외부의 '사건' 때문에 발생한 일시적인 하락일 뿐 곧 회복될 것으로 믿었다. 부실한 기업이라면 이런 일에 무너질 수도 있지만 내가 오랫동안 봐온 기업들은 우량했기 때문에 반드시 회복할 것이라는 강한 자신감이 있었다. 예상은 적중했다. 싼값에 사들인 주식들은 시간이 지나자 제자리로 돌아왔다. 그래도 나는 팔지 않았다. 몇 년 지나지 않아 투자한 기업들이 성과를 내면서 두세 배씩 올랐다.

어떤 주식을 어떤 상태에서 사서 어떤 시기에 팔았는지는 다시 이야기할 기회가 있을 것이다. 여기서 말하고 싶은 것은 일시적인 등락에 따른 시세차익이 아니라 기업의 가치 상승과 이에 따른 주가의 상승에 집중해야 한다는 것이다. 한 기업의 가치는 하루 이틀 새에 만들어지지 않는다. 노력과 시간이 필요하다. 그 시간을 기다릴 줄 알아야 하고 기다리려면 신뢰가 있어야 하는 것이다.

4장

흔들리지 않는
나만의 투자법을 만들어라

책 속에 투자의 기회가 있다

우리는 과거 세대에 비해 정말 많은 것을 알고 있다. 시간을 거슬러 지금 가진 지식을 그대로 가지고 조선시대로 간다면 부자가 되는 것은 물론이고 역사를 바꿀 수도 있다. 국사 시간에 배운 지식을 이용하지 않아도 된다. 단편적으로 알고 있는 과학, 수학만 이용해도 '시대를 뛰어넘는 천재'라는 평가를 받기에 충분할 것이다.

구구단 하나만 외우고 있어도 '귀신같이 계산해낸다'는 평가를 들을 것이다. 현대에서는 그저 평범하기 짝이 없는 사람도 과거로 돌아가면 비범한 사람이 된다. 그가 가진 지식이 과거 사람들보다 월등하게 많기 때문이다. 반대의 가정도 가능하다.

조선시대 사람이 현대로 온다면 그는 100% 실업자가 된다. 농사를 짓거나 막노동을 하면 될 거라고 생각하지만 거기에도 조선시대 사람이 결코 이해할 수 없는 많은 지식들이 있다.

그렇다면 현대사회에서 새로운 미래를 만들어가는 사람들은 누구일까. 그들은 동시대인들에 비해 지식이 많은 사람들이다. 우리는 지금 지식이 부를 창출하는 세상에 살고 있다. 따라서 남들과 비슷한 수준의 지식을 갖고 있다면 남들과 비슷한 수준의 경제력을 갖게 된다.

여기서 지식이란 학교에서 배운 지식만을 뜻하지 않는다. 어떤 독자들은 '내가 만난 부동산 부자 중에는 정말 무식한 사람도 있더라'고 할지 모른다. 농사짓던 땅이 갑자기 천정부지로 값이 오른 경우는 제외하자. 경매 등을 통해 자신의 노력으로 부동산 부자가 된 사람들은 다른 분야는 몰라도 부동산에서만큼은 해박하고 심도 깊은 지식을 갖고 있다. 그렇지 않으면 절대로 부동산 사업에서 성공할 수 없다.

성공은 기회를 보고 그것을 잘 살려낸 사람들의 몫이다. 농경사회에서 부의 기회는 농업에 있었고 공업사회에서는 공장에 있었다. 지금은 지식산업의 시대이고 따라서 기회는 지식에 있다. 많이 알수록 기회에 한 걸음 더 다가가는 것이다.

주식투자 역시 마찬가지다. 알면 알수록 성공할 확률이 높아지고 모르면 모를수록 실패할 확률이 높아진다. 자본시장의 시스템도 모르고, 기업이 성장해 나가는 과정도 모르면서 과감하게 주식시장에 뛰어든 사람들이 많다. 뭘 알아야 동행도 하고 대리경영도 할 수 있다. 시장이 작동하는 원리를 모르면 백날 같이 간다고 해봐야 동행이 아니라 거름 지고 장에 가는 꼴밖에 안 된다. 이런 사람들은 스스로 기업을 평가하지 못하니까, 남이 사면 사고 남이 팔면 파는 뇌동매매를 반복한다. 99% 실패하는 방식이다. 실패를 해도 그것을 되돌아보고 분석할 지식이 없으니까 같은 실수를 반복할 가능성이 높다. 주식시장에는 경제 지식으로는 내로라하는 사람들이 가득 몰려 있다. 그들은 결코 바보가 아니다. 지식도 없이 그 시장에 뛰어든다는 것은 '내 돈 먹어라' 하고 던지는 것과 같다.

주식투자를 하기 전에 먼저 자본시장, 주식시장이 돌아가는 기본 원리를 확실하게 이해해야 한다. 내년에 이런 주식이 뜰 거라고 하거나, 하기만 하면 수십억 원을 벌 수 있다는 책은 거들떠보지도 마라. 이제 막 주식투자를 시작하려는 독자들은 차분하고 쉽게 기본 원리를 알려주는 책들을 읽어야 한다. 최소한 그런 원론적인 책 5, 6권은 읽어야 어떤 기업이 좋은 기업인지 평가할 수 있는 능력이 생긴다.

책이 있다는 것은 굉장히 고마운 일이다. 한 사람이 오랫동안, 때로는 평생 연구하고 경험하고 생각한 것들이 담겨 있다. 책을 통해 우리는 이미 죽은 사람이나 멀리 떨어져 있는 사람의 지식과 경험을 얻을 수 있다.

그래서 나는 독서 역시 동행하듯이 읽는다. 저자와 동행하면서 그가 왜 이 책을 썼는지 묻고 대답하는 것이다. 나보다 더 훌륭한 사람들의 생각을 읽을 수 있는 세상에 산다는 것 자체가 내게는 정말 행복이다.

나는 주식투자를 한다고 주식이나 경제 관련 책만 읽는 것을 경계한다. 의사가 의학서만 읽으면 환자들의 마음을 알 수 없고, 기술자가 공학서적만 읽으면 소비자들의 마음을 알 수 없다. 의학과 공학이 사람보다 중심에 설 수는 없다. 주식에 관련된 지식과 정보만으로 투자에 성공할 수 있다면 모든 증권사 직원들이 부자여야 한다. 하지만 현실은 그렇지 않다.

경제 지식과 인문학적 지혜가 융합되어야 행복하고 성공적인 주식투자가 가능하다. 의외로 인문학을 읽으면서 주식에 관련된 영감을 얻은 적도 많다. 인문학은 전체를 조망할 수 있는 힘을 준다. 대리경영, 동행투자를 기본 원칙으로 투자하자면 전체를 조망하는 힘이 필수적이다. 이 힘이 있어야 매일 새로운 정보들을 쏟아내는 매체, 매일 오르내림을 반복하는 증시를 흐름의 관점에서 볼 수 있다. 인류 역사의 흐름, 증시의 흐름을 알아야 주가가 오르거나 내려도 담대하게 바라볼 수 있다. 그렇지 않으면 천당과 지옥을 오가는 '불행한 투자'를 해야 한다.

사실 독서를 많이 해야 한다는 이야기까지 해야 하는가 하고 고민을 하기도 했다. 너무나 기본적인 것이고 수십, 수백 년 동안 강조되어 온 덕목이 독서다. 그럼에도 불구하고 여전히 많은 사람들이 책을 멀리하고 있다. 새로운 습관을 들이려면 새로운 환경을 만드는 것도 큰 도움이 된다. 혼자서 독서하기가 어렵다면 독서클럽을 만들거나 가입하는 것도 좋은 방법이다. 혼자서 읽고 생각하는 것보다 여러 사람들의 압축된 의견을 들을 수 있는 장점도 있다.

매일 매체를 통해 입력되는 것들은 지식의 조각이다. 단편적인 정보는 부를 창출하지 못한다. 이 조각들을 꿸 수 있는 통찰력이 있어야 멋진 지식의 목걸이를 만들 수 있다. 이 지식의 목걸이가 주식 투자에 있어서 기회와 지혜를 주는 것이다.

족집게만 찾지 말고
멘토에게 배워라

800억 달러, 우리 돈으로 약 90조 원의 자산을 가진 워런 버핏은 2000년부터 매년 '버핏과의 점심'을 자선경매에 내놓고 있다. 식사 한 끼와 몇 시간 동안의 대화라는 '경매물품'은 매년 수십억 원에 낙찰된다. 절대다수의 사람들이 평생 만져보기 힘든 돈을 한 끼 식사와 대화에 투자하는 사람들은 워런 버핏에게 어떤 질문을 했을까.

이 질문에 대한 해답을 염두에 두면서 외국인 따라하기, 기관투자가 따라하기라는 기법에 대한 이야기부터 해보자.

한때 따라하기 기법이 유행한 적이 있었다. 지금도 그런 방식으로 투자를 하는 사람들이 일부 있는 것으로 알고 있다. 얼핏 보면 굉장히 영리한 방식이다. 다국적 자본이나 기관은 개인들보다 훨씬 더 막강한 자본력, 기업에 대한 분석력, 경험과 세계적 네트워크가 축적되어 있다. 투자와 관련한 모든 면에서 이들은 개인의 역량을 압도한다. 따라서 주식투자를 시작했지만 경제 공부를 하기 싫은 사람, 해봐야 그들보다는 못할 거라고 판단하는 사람에게는 솔깃한 방법이 아닐 수 없다. 다국적 자본, 기관투자가는 역량이 있는 만큼 실패 확률이 적을 것이고 그들을 따라한다면 자신도 실패 확률을 줄일 수 있다는 계산이다.

비슷한 방법으로 족집게를 찾는 길도 있다. 주식 관련 강연장에서 강의를 끝낸 강사를 끈질기게 쫓아가서 '하나만, 아니 두 종목만 찍어주십시오'라고 하는 사람들이 있다. 나 역시 '간곡한 부탁'을 자주 받는다. 주식투자로 수백억 원을 벌었다는 신문기사가 나간 후 여기저기서 '찍어 달라'는 이야기를 많이 들었다. 여기에도 따라하기의 원리가 적용된다.

이런 방식이 완전히 틀렸다고 말할 수는 없다. 어느 정도 실패 확률을 줄일 수 있는 것도 사실이다. 그러나 남을 따라하는 방식은 몇 가지 치명적인 문제를 안고 있다. 먼저 신뢰의 문제가 있다. 이른바 '족집게'를 전적으로 신뢰할 수 있는가 하는 것이다.

여기에서의 신뢰는 그의 잘못된 판단까지도 포함되는 것이다.

나는 전업투자가로서 약 50개의 포트폴리오를 운영하고 있다. 그런데 나 역시 열 개 기업에 투자하면 한두 개만 성공하고 네다섯 개 정도는 여러 가지 이유로 주가가 내가 예상했던 대로 가지 않는다. 강연을 하는 사람들이나 유망한 종목을 찍어주겠다는 사람들 중 일부는 자신이 성공한 종목이 전부인 양 이야기한다.

투자자를 모집한다거나 하는 또 다른 목적이 있기 때문인데, 그럴 경우 굉장히 위험하다. 오히려 쉽게 '이런 종목이 확실합니다'라고 말하는 사람일수록 경계해야 한다. 생각해보라, 자신의 말에 따라 한 사람의 전 재산이 날아갈지도 모르는데, 양심이 있는 사람이라면 쉽게 '이거 사세요, 저거 사세요'라고 할 수 있겠는가. 책임감이 있는 사람이라면 그럴 수 없다.

또 하나의 문제는 찍어줘서 산 종목이 떨어질 때다. 찍어준 걸 사는 사람들은 주가가 떨어질 때 시장에 악재가 있어서인지, 아니면 해당 기업에 문제가 있어서인지 알지 못한다. 주가와 함께 마음도 출렁거릴 수밖에 없다. 주가가 올라갈 때 역시 문제는 있다. 매도 시점을 모른다는 것이다. '팔았는데 더 올라가면 어쩌지? 보유하고 있는데 떨어지면 어쩌지?' 이런 불안들이 끊임없이 괴롭힌다. 하루하루 피가 마르는 투자, 인생을 버리는 투자다.

외국인 따라하기도 다르지 않다. 그들이 특정 종목을 살 때 장기적인 투자인지, 단기적인 투자인지 알 수 없다. 따라하는 사람이 상상하기 어려운 의도가 숨어 있을 수도 있다. 이 역시 주가의 오르내림에 따라 인생이 출렁거리고 매일매일 숨죽이면서 모니터를 보고 있어야 한다. 거기다 항상 뒷북이라는 단점이 있다. 그들이 사는 걸 보고 사고, 파는 걸 보고 팔아야 하기 때문이다.

나도 과거에 따라하기를 해본 적이 있다. 증권계에 입문한 뒤 공부를 해가면서 기관투자가, 외국인 등 큰손들의 일거수일투족을 알기 위해 많은 노력을 했다. 나보다 경험이나 지식에서 월등하고 또 막강한 자본력으로 시장을 지배한다고 보았기 때문이다.

역시 그들이 사면 주가가 올라가고 팔면 떨어지는 현상이 벌어졌다. 그러나 단기간의 영향일 뿐이었다. 큰손들이 매입을 해도 기업의 성과가 받쳐주지 않으면 주가는 떨어지고 그들이 매도를 해도 회사가 성장하면 주가는 올라갔다.

주가의 핵심이자 전부인 기업이 주가 상승을 뒷받침해주지 못하면 결국 하나의 머니게임 형태로 전락해 나중에 그 주식을 따라서 산 사람들은 손실을 본다. 그런 과정을 겪으면서 결국 내 사업을 한다는 마인드를 가지고 주인 된 입장에서 기업과 소통을 해야 한다는 것, 기업을 살지게 한 후 그 성과를 나눠 가지는 게 주식투자라는 결론을 얻었다.

나도 주변의 지인이나 주식투자를 했다가 정말 안타까운 지경에 이른 몇몇 분들에게 추천을 한다. 그러면 사람들이 이렇게 말하곤 한다.

"저는 박 회장님만 믿습니다. 박 회장님이 투자했으니 올라가지 않겠습니까."

그러면 나는 항상 이렇게 대답한다.

"저를 믿지 마세요. 기업을 보세요. 제가 팔고 나가도 올라갈 수 있는 회사에 투자를 해야지, 제가 팔고 나서 떨어질 회사라면 저도 선택을 잘못했지만 선생님도 선택을 잘못하시는 겁니다."

성공적인 인생을 살려면 그만한 노력을 해야 한다. 인생에서 공짜는 없다. 쉽게 살려고 하지만 인생은 원래 쉬운 것이 아니다. 경제적인 면에서 성공을 하려고 해도 또 그만한 노력을 해야 한다. 주식이 쉽지 않다는 사실을 받아들이고 그만한 노력을 해야 열매를 거둘 수 있다. 자신의 노력 없이 이익을 추구하려는 것 자체가 난센스다.

결국은 기업이다. 내가 투자한 기업에 대한 확신이 생길 때까지 소통하고 기다려야 한다. 이렇게 보면 주식투자에서 가장 확실하고 훌륭한 멘토는 좋은 기업이다.

예를 들어 삼성전자의 경우, 지금까지 한 번도 투자자를 실망

시키지 않았다. 시장의 상황에 따라 등락은 있었지만 전체적인 흐름을 보면 상승곡선을 그리고 있다. 왜 그랬을까를 알려면 삼성전자를 공부하면 된다. 꼭 삼성전자를 사라는 뜻이 아니다. 삼성전자의 어떤 요소들이 지금까지의 성과를 내왔는지 파악한다면, 그 원리를 다른 기업에도 적용할 수 있다는 것이다.

이제 '버핏과의 점심'을 낙찰 받은 사람들이 워런 버핏에게 어떤 질문을 던졌을까에 대한 답을 할 때가 되었다. 그들이 '버핏 씨, 괜찮은 종목 한 열 개만 찍어주세요'라고 했을 것 같은가. 그들이 막대한 돈을 들여 워런 버핏에게 배우고자 했던 것은 그의 철학과 지혜였을 것이다. 단순하게 말하면 물고기를 달라고 한 게 아니라 낚시하는 방법을 배우려 했을 거라고 짐작한다. 그게 남는 장사다.

만약 우리 독자들이 주식투자에서 낚시하는 방법을 배운다면 그것은 자식에게도 물려줄 수 있다. 억만금의 재산을 물려줘도 그것을 잃는 건 한순간이다. 그러나 재산을 쌓는 방법을 알려준다면 빈털터리일지라도 얼마든지 부자가 될 수 있다.

잊고 싶은 실패의 이유를
반드시 기억하라

    나는 눈물이 많은 편이다. 공연을 보면서 울기도 하고 중학교에 갈 때 등록금을 내주셨던 선생님 생각을 하기만 해도 눈시울이 뜨거워진다. 나이 먹어서 주책이라고 하는 사람이 있을지 몰라도 아직 내 감성이 살아 있음에 감사하고 있다. 그런데 나는 성공과 실패라는 부분에서는 굉장히 냉정하다.

    내가 생각한 대로 일이 잘 풀렸을 경우, 나는 금방 잊어버린다. 반면 실패를 했을 때는 칡뿌리를 씹을 때처럼 오랜 시간 꼼꼼하게 되씹는다. 그게 이 책에서 반복적으로 내 실패의 경험을 말하는 이유이기도 하다. 실패를 냉정한 태도로 돌아보면 거기서 성공할 수 있는 방법을 발견할 수 있다. 성공했을 때 지나치게 기뻐하거나 실패했을 때 좌절감에 휩싸인다면 그 어느 쪽에서도 도움이 될 만한 것을 찾기 어렵다.

잠언에 나오는 개처럼 토한 것을 도로 먹는 미련한 행동을 하지만 않는다면 실패를 했다는 것은 성공에 그만큼 가까워졌다는 의미다. 실패에서 얻은 교훈을 성공의 밑거름으로 삼아 과거의 실패를 시행착오로 만들 수 있기 때문이다.

대신증권 영업부에서 일하고 있던 1990년 즈음이었다. 그때도 현대투자연구소 직원들과 교류를 하고 있었는데, 하루는 한 연구원이 중소기업 하나를 추천해주었다. 컴퓨터 어댑터 등을 만드는 기업이었다.

그 무렵 개인컴퓨터는 초기 산업이었지만 사무환경을 획기적으로 바꿀 수 있는 기기로 인식되고 있었다. 그래서 컴퓨터 관련 기업이라는 말만으로도 왠지 첨단산업인 것처럼 느껴졌다. 연구원의 말을 믿고, 첨단산업인 것처럼 '느껴져서' 투자를 했는데, 얼마 뒤 그 기업이 부도가 나고 말았다. 주저리주저리 말하고 있긴 해도 간략하고 정확하게 줄이면 '기업을 모르고 투자했다'는 것이다. 이 실패를 되씹은 결과물이 현장 방문이다.

그 이후부터는 누가 추천하건 간에 반드시 현장 방문을 한 뒤에 투자를 했다. 한 번으로 부족하면 두 번을 가고 두 번으로 부족하면 세 번 가기도 했다. 그리고 투자한 이후에도 꾸준히 현장 방문을 했다. 현장 방문은 내가 성공적으로 투자를 할 수 있는 중요한 무기 중 하나가 되었다.

IMF 사태 때의 실패 역시 내게 중요한 교훈이 되었다. 어머니와 살던 집까지 팔고 월세로 내몰릴 정도로 힘들었지만 귀중한 자산을 얻었다. 나중에 다시 자세하게 이야기하겠지만, 그때의 처절한 실패가 농심투자철학의 바탕이 되었다. 과도한 레버리지와 단기투자는 반드시 실패한다는 것, 경제 전반의 악재에 의해 주가가 하락하더라도 기업 자체의 가치가 손상되지 않았다면 반드시 제 가치를 인정받게 된다는 것이다.

실패는 성공의 어머니라고 하지만 제대로 대응할 때의 이야기다. 감정에 휘둘리면 실패는 그대로 좌절의 어머니가 될 수도 있다. 적어도 증권가에서는 후자가 더 많은 것 같다. 특히 일반투자자들이 실패를 좌절의 어머니로 만드는 경우를 많이 본다. 당사자들은 어떻게 생각할지 모르겠지만 내가 생각하는 소액투자자들의 결정적인 실패 요인은 욕심이다.

예를 들어 1,000만 원을 투자한다고 할 때, 100만 원짜리 주식은 10주밖에 못 사지만 1,000원짜리 주식은 1만 주까지 살 수 있다. 10주보다는 1만 주를 사는 게 왠지 기분이 좋다. 또 100만 원이 200만 원이 되기는 어렵지만 1,000원에서 2,000원 되는 건 딱 1,000원만 오르면 되니까 쉬울 것 같다.

기분이야 이해하지만 현실과 동떨어진 기대다. 1,000원짜리 주식이든, 100만 원짜리 주식이든 주가가 두 배가 된다는 것은 시가총액이 두 배가 된다는 뜻이다. 시장에서 두 배의 가치를 인정받아야 가능한 것이지 주당 가격의 높고 낮음과는 상관이 없다.

다른 형태의 욕심도 있다. 주가가 충분히 하락했으니 이제 오를 일만 남았다고 매수하는 사람도 있다. 기세 좋게 상승하고 있으니 앞으로도 오를 거라고 매수하는 사람도 있다. '당신에게만 알려주는 정보'를 믿고 거금을 베팅하기도 하고 특정 기업의 전망이 좋다는 뉴스만 믿고 투자하기도 한다.

이 모두가 욕심이다. 주가의 본질인 기업이 빠져 있고 기업을 알려는 노력이 빠져 있고 기업이 성장하는 데 필요한 시간이 빠져 있기 때문이다.

투자는 홀짝 게임이 아니다. 확률이 아니라 기업에 대한 자신의 전망이 투자의 핵심이다. 먼저 철저히 공부하고 기업과 오랫동안 소통해야 한다. 그 결과, 다수의 전망과 어긋난 결론이 나올 수 있다. 비관적인 시장의 전망과 달리 큰 성장의 기회가 보인다면, 기업에 대한 신뢰와 확신이 생긴다면 투자할 수 있다. 이런 투자는 욕심이거나 투기가 아니다. '로우리스크, 하이리턴'이라는 말은 이럴 때 쓰는 것이다.

이런 점들을 생각하지도 않고 '투기'를 했다가 잘못 걸려들면 상장폐지나 자본 감자 등을 당하면서 재산의 손해를 보게 되는 것이다.

자기 욕심 때문에 투자가 아닌 투기를 해놓고 실패하면 핑계를 찾느라 바쁘다. 그들은 '개미들은 절대로 이길 수 없다, 우리는 절대로 알 수 없는 어떤 정보들이 있다, 나한테 그 종목 추천한 증권사 직원을 길에서 만나면 가만 안 놔둔다, 완전 사기꾼 같은 그 회사 사장에게 속았다' 등의 말을 한다.

마음속 깊은 곳에서는 자신의 욕심 때문이라는 걸 알면서도 쉽게 인정하지 못한다. 인정하기 싫으니까 외부에서 원인을 찾는 것이다. 그러면서 다시는 주식투자를 하지 않겠노라고 선언한다. 이렇게 '피 맺힌 선언'을 해놓고는 증시가 좋아지면 슬며시 여의도를 향해 고개를 돌리는 사람들도 많다. 그들이 말하는 실패의 원인 어디에도 자신의 잘못은 없다. 자기 잘못이 없기 때문에 실패에서 교훈을 얻지 못하는 것이다.

실패의 원인은 항상 자신에게서 찾아야 한다. 핑계를 대기 시작하면 한도 끝도 없다. 실패를 자신의 것으로 만들려면 자신의 잘못이라고 인정을 해야 한다. 자기 것이 아닌 실패는 좌절로만 남아 있을 뿐 어떤 교훈도 주지 못한다. 과거의 실패에서 배우지 못하는 사람은 실패의 언저리에서 맴돌며 같은 실수를 반복할 수밖에 없다.

젊을 때부터 충분히 연습하라

인생을 돌아볼 때는 수십 년도 한순간처럼 짧게 느껴진다. 나도 남들 못지않게 굴곡 많은 세월을 보냈지만 그리 길게 느껴지지 않는다. 일흔이 넘은 분들도 인생 한순간이라고 한다. 고생스러웠건 편안했건 간에 지나간 인생은 모두 짧게 느껴지는 게 인지상정인 모양이다. 그런데 앞으로 올 시간, 즉 미래는 길게 느껴진다. 지나간 10년은 금방 간 것 같은데 2030년이라고 하면 머나먼 미래인 듯하다.

변화라는 측면에서 보면 지나간 시간은 10년이든 20년이든 30년이든 큰 의미가 없다. 거기서 교훈을 얻을 수는 있겠지만 실제적인 변화가 일어나는 시간은 현재와 미래다. 이제 다가올 10년을 생각해보자. 10년은 강산이 변하고, 열 살짜리 꼬맹이가 성인이 되고, 서른 살 청년이 마흔이 되는 시간이다. 그리고 거듭되는 복리가 기적을 낳기에도 충분한 시간이다.

젊을 때는 버는 돈은 적어도 쓰고 싶은 데는 많은 법이다. 친구들도 만나야 하고 옷도 사야 하고 핸드폰이나 노트북도 자주 바꿔줘야 뒤떨어지지 않는 것 같다. 그러다 보니 모을 수 있는 돈은 '푼돈'에 그치는 것이 현실이다. 그래서 그까짓 돈 있어봐야 인생이 바뀌지 않는다며 마음 편하게 쓰기나 하자고 생각하는 젊은이들도 있는 것 같다.

나는 신문을 팔면서 푼돈의 위력을 처음으로 깨달았다. 한 부를 팔면 20원이 남는 장사인데 공장보다 벌이가 좋았다. 한 부 팔 때마다 20원씩 모여서 한 달에 20만 원까지 되었다. 근검절약해서 많이 모으면 좋겠지만 사정이 여의치 않다면 푼돈이라도 모아야 한다. 푼돈을 모르면 큰돈도 알 수 없다. 수백, 수천 억 자산가들 중에는 장부상의 작은 오차도 절대 용납하지 않는 사람들이 많다.

단기적으로 보면 푼돈은 푼돈일 뿐이다. 하지만 10년을 놓고 보면 달라진다. 매달 10만 원씩 모아서 주식을 산다고 가정해보자. 10년 뒤에는 원금만 1,200만 원이 된다. 연 10%의 복리로 계산했을 경우 10년 후면 원금과 이자를 합해 2,220여만 원이 된다.

10년 동안 힘들게 모아서 고작 2,220만 원밖에 안 된다고 불평하는 독자라면 지금부터 하는 이야기를 잘 들어보라. 큰돈이든 적은 돈이든 주식을 사게 되면 경제에 관심을 가질 수밖에 없다. 내가 산 주식과 기업을 공부하면서 경제 전반에 대한 식견이 넓어지고 깊어지는 것이다. 욕심에 의한 투기가 아닌 기업과 동행한다는 생각으로 투자를 한다면 해당 업종에 관한 한 전문가 수준의 경지까지 올라갈 수 있다. 이것이 가장 큰 수확이다.

10년 공부다. 대학 학위 두 개를 따고도 2년이 남는 시간이다. 이 과정에서 원금의 손실을 보는 일이 있더라도 억울해할 일이 아니다. 자기만의 확고한 투자 철학과 기업을 속속들이 평가할 수 있는 능력이 생긴다면 그 정도 수업료는 얼마든지 지불할 수 있다. 중간에 자금을 조금씩 더 넣긴 했지만 내가 가진 최초의 투자금이 5,000만 원이었다는 사실을 떠올려 보면 이것이 얼마나 중요한 의미인지 알게 될 것이다.

자녀가 있는 독자라면 미리 주식으로 상속을 하는 것도 좋은 방법이다. 대신 나이가 들어서가 아니라 아주 어릴 때부터 일정액을 주식으로 물려주는 것이다. 나는 13년 전 3명의 아들딸에게 2,000~3,000만 원씩을 증여해 주식을 사주었다. 종목도 내가 고르고 투자금 배분도 내가 했지만 아이들도 자신이 어떤 기업의 주인이 되었는지 알고 있었다. 그러니까 라면 하나를 고르더라도 자기가 투자한 기업의 라면을 샀다. 그러면서 다른 기업의 라면과 비교도 해보았다. 어떨 때 라면이 많이 팔리는지 알게 되었고 그러면서 자연스럽게 경제를 공부하게 되었다.

이제는 막내만 내가 관리해주고 있고 성인이 된 둘은 자기들이 알아서 하고 있다. 부모 된 마음에 걱정이야 되지만 투자에 실패하더라도 최악은 아니다. 젊을 때 마음 가는 대로 투자를 하다가 실패할 수 있다. 하지만 실패를 통해서 배울 수만 있다면 흔들리지 않는 투자 철학을 만들 수 있다.

삶과 경제에 관한 철학이 그 돈을 압도하지 못하면 돈에 휘둘리게 된다. 그러면 자식 잘되라고 물려준 돈이 자식을 망치는 결과를 불러온다. 나는 아직까지 자녀에게 경제관념을 심어주는 데 주식 증여만 한 것이 없다고 생각한다. 자연스럽고 확실한 경제 교육 방법이 바로 주식이다. 애들에게 상속한 주식은 그리 큰돈은 아니다. 하지만 우리 아이들은 아직 어리고 경제에 대한 마인드와 시간이 있기 때문에 얼마든지 부자로 살 수 있다고 믿고 있다.

경제는 인생의 중요한 기둥 중 하나다. 경제를 모르면 크든 작든 손해를 보기 쉽고 그러면 부자가 되기 어렵다. 돈이 없는 인생은 고달프다. 그러면 다가오는 하루하루가 고통일 수 있다. 스스로 선택한 가난이라면, 가난해도 행복할 수 있다면 괜찮다. 그런데 부자가 되고 싶었지만 가난하게 살고 있다면 고통은 가중된다.

부자가 되는 방법을 알고 있다면 제로에서 시작해도 얼마든지 부자가 될 수 있다. 하지만 경제 지식이 없으면 막대한 부를 가졌어도 한순간에 알거지가 되는 것이 세상의 이치다. 푼돈의 무서움, 시간의 무서움을 알고 경제를 파고든다면 시간이 당신을 부자로 만들어줄 것이다.

탐욕과 공포에서 벗어나라

꽃 한 송이가 한 나라를 광기와 혼란에 빠뜨린 적이 있었다. '투기의 역사'를 이야기할 때 빠지지 않고 거론되는 네덜란드의 튤립 광풍이 그것이다. 17세기 해상무역권을 장악한 네덜란드는 대호황을 누리고 있었다. 부자들은 교외에 대저택을 지어 호화로운 생활을 누렸고 부동산 가격도 급등했다.

이 무렵 튤립은 유럽인들의 사랑을 받고 있는 꽃이었다. 주체할 수 없는 돈을 갖고 있던 투기꾼들은 이 튤립을 새로운 투기 대상으로 삼았다. 모양에 따라 황제, 제독, 장군 등으로 구별되던 튤립의 가격은 천정부지로 치솟기 시작했다. 농부, 청소부, 구두장수 등 서민들도 전 재산을 털어 투기 대열에 동참했다. 광풍이 최고조에 달했던 1624년에는 튤립 구근 한 뿌리의 가격이 암스테르담 시내에 있는 집 한 채 가격으로 거래되기도 했다. 1636년까지 계속된 광풍은 1637년 초 하룻밤 사이에 싸늘하게 식었다. 별다른 이유는 없었다. 터무니없이 비쌌던 것이다. 합리적인 이유 없이 가격이 치솟았던 것처럼 하루아침에 '그냥 꽃의 구근'으로 돌아온 것이다.

무려 400년 전, 뭘 모르던 옛날 사람들만의 이야기는 아니다. 2020년 코로나 여파로 국제유가가 하염없이 하락했다. 100달러가 넘어갈 거라던 유가가 10달러까지 내려오자 국내 개인투자자들이 유가 상승에 베팅했다. 그리고 많은 사람들이 '마이너스 가격이라는 것도 있나?'라며 의아해했던 마이너스 36달러까지 폭락했다. 내용을 모르고 가격만 보고 덤빈 결과다.

이 외에도 매년 뉴스에 나오는 일들도 있다. 곧 개발예정인 땅인데 사놓기만 하면 두세 배는 우습다고 한다. 그렇게 귀한 정보를 일면식도 없는 사람에게 애써 전화를 걸어 알려주려고 한다. 이 사업에 투자만 하면 그 다음에는 돈 버는 일밖에 없다고, 제발 이 기회를 놓치지 말라고 당부한다. 뭘 모르면서 돈을 벌고 싶은 사람들과 그 탐욕을 이용하는 사람들의 하모니는 늘 있어 왔다.

증시에도 협잡꾼들이 있다. 이들이 작전에 들어가면 주가가 이유도 없이 오르기 시작한다. 탐욕의 광풍이 몰아치는 시기다. 연일 상한가를 치면서 올라가기 시작하면 사람들은 탐욕에 눈이 멀어 이유도 모르고 매수를 한다. 주가가 올라갈 때는 한 없이 올라갈 것 같기 때문에 무조건 사놓고 보는 것이다. 그러다가 작전세력이 한몫 챙기고 떠나면 그때부터 공포의 시기가 엄습한다. 못 사서 난리였던 주식을 이번에는 못 팔아서 안달이 난다. 연일 하한가를 기록하다가 결국에는 원래대로 돌아가거나 더 낮은 가격으로 형성된다. 주가가 이유 없는 오름세를 탈 때, 일단 사고 보자고 덤비는 것은 '나보다 더 바보에게 팔아넘길 수 있다'는 계산이겠지만 정작 자신이 바보라는 사실을 그때는 알지 못한다.

어떻게 하면 탐욕과 공포에서 벗어날 수 있을까. 연일 상한가를 치는 주식이라고 해서 모두가 작전세력이 있는 것은 아니다. 한동안 상승곡선을 그린 주식이라고 해서 모두가 거품인 것도 아니다. 더 상승할 가능성 역시 잠재되어 있을 수 있다. 한참 동안 곤두박질 친 주식 역시 더 떨어질 수도 있다. 현재 주가가 비싼 것인지 싼 것인지 알지 못하면 결코 탐욕과 공포에서 벗어날 수 없다.

2021년 3월, 삼성전자는 8만 원선이다. 액면분할 전을 기준으로 하면 400만 원이 넘는다. 하지만 싼 것일 수 있다. 또 1,000원짜리라도 기업이 부실하다면 비싼 주식이다. 비싸다거나 싸다거나 하는 기준은 기업의 가치다. 스스로 기업의 가치를 평가할 기준이 없다면, 기준은 있더라도 기업에 대한 소상한 정보가 없다면 올라갈 때는 탐욕에, 내려갈 때는 공포에 시달릴 수밖에 없다. 그러다가 문득 정신을 차리고 보면 튤립 뿌리 하나만 손에 쥐고 있는 자신을 발견하게 된다.

자기 사업이라고 생각하면 얼마나 공부할 게 많겠는가. 해당 업종의 강점과 약점이 무엇인지도 모르고 창업을 하는 경우를 상상이나 할 수 있는가. 한 주를 가지고 있든 만 주를 가지고 있든 우리는 모두 기업의 주인이다. 회사의 정보를 알아보는 방법은 널려 있다. 기업의 재무제표, 성장과정, 지금까지의 주가 흐름 등은 컴퓨터만 켜면 다 정리되어 있다. 한두 사람 건너서 물어보면 그 기업의 근거리에 있는 사람과 연결할 수도 있다. 기업 IR팀에 가서 '내가 이 회사 주주요'라고 하면 모두가 반겨준다. 만약 반겨주지 않는 회사라면 뭔가 문제가 있는 기업이다.

무엇이든 모르면 남의 눈치를 보면서 살아야 한다. 눈치를 보면서 하는 주식투자는 사람을 내내 좌불안석으로 만들고 결국에는 자금까지 잃게 만든다. 세상은 항상 흔들리면서 간다. 그렇다고 나까지 흔들려서는 안 된다. 자기만의 확고한 기준을 잡고 있어야 흔들리는 세상 속에서 흔들리지 않고 나아갈 수 있다.

인내와 절제를 익혀라

주식투자를 하다 보면 분명히 이익이 났는데 배당이 그만큼 되지 않는 경우가 많다. 상당수의 사람들은 이런 경우, 뭔가 회사에 문제가 있다고 판단하고 매도를 해버린다. 이 판단이 항상 틀린 것은 아니다. 이익을 낮추기 위해 자사주를 매입하는 기업도 있고 이익을 내고서도 '과감하고 뻔뻔하게' 배당을 새발의 피만큼 하는 기업도 없지 않다. 하지만 항상 그런 것은 아니다. 기업의 기초체력 향상을 위한 내부투자 때문에 이익이 덜 나는 경우도 있는 것이다. 모든 스포츠 종목에서 기초체력은 중요하다. 당장에는 효과가 없지만 장기적으로는 반드시 필요하고 그 효과도 확실하게 나타나는 것이 기초체력이다.

내가 보령제약 주식을 샀을 때의 일이다. 광고와 매체를 통해 보령제약 브랜드는 이미 높은 인지도를 가지고 있었다. 당시 대표적 상품인 겔포스 등으로 인해 보령제약의 브랜드 이미지는 좋은 편이었다. 브랜드 가치는 기업의 생사를 결정짓기도 하는 중요한 요소다. 만약 기업의 내면도 탄탄하다면 굉장히 좋은 투자처가 될 것이라고 생각했다. 연구를 해보니 아니나 다를까 굉장히 내용이 좋았다.

재무구조도 건실하고 매출이 1,300억 원에 이익도 40~50억 원, 많이 나면 100억 원 정도까지 나고 있었다. 김승호 회장님의 경영능력 또한 안팎에서 탁월하다는 평가를 받고 있었다. 2000년부터 소통하면서 조금씩 매입을 했다. 그러다가 2001년 9.11테러가 터지면서 1만 3,000~1만 4,000원 정도 하던 주가가 1만 1,000원대까지 떨어졌다. 이때에 과감하게 매입을 하고 기다렸다.

그런데 순이익이 예상만큼 나지 않았다. 왜 그런가 하고 봤더니 1,300억 원 매출을 올리는 데 300억 원가량을 연구개발, 홍보, 직원 교육 등에 쓰고 있었다. 그러니 매출액 규모에 비해 순이익이 덜 나는 것이었다. 이익이 나지 않는 이유가 오너의 욕심을 채우기 위한 편법이었거나 내가 생각하기에 쓸데없는 것이었다면 나는 팔고 나왔을 것이다. 그러나 모두 재투자였고 그러한 판단을 한 경영자에 대한 신뢰가 있었다. 나는 끈질기게 기다렸고 거의 6년이 되었을 때 투자의 효과가 본격적으로 드러나기 시작했다. 당시 내가 내놓은 주식을 외국인이 매입했는데, 2만 8,000원에서 3만 3,000원대의 가격이었다. 내가 샀을 때보다 약 2~3배 정도 오른 것이다.

지나고 나서 이렇게 짧게 정리를 하니까 그렇지, 팔지 않고 인내하기가 쉬운 일은 아니다. 그때 팔지 않고 인내할 수 있었던 것은 보령제약과의 소통이 가능했기 때문이다. 회사에 방문하고 연구소에 가서 관계자들을 두루 만났다. 이런 소통 과정을 통해 회사가 돌아가는 사정을 파악하고서 기다렸다. 그 믿음이 강했기 때문에 주가가 떨어질 때 오히려 더 매입할 수 있었다.

주가에 눈과 귀가 있다는 말이 있다. 희한하게도 내가 사면 떨어지고 내가 팔면 올라간다는 말이다. 이런 패턴이 반복되는 이유 중 하나가 인내하지 못했기 때문이다. 모르니까 불안하고 불안하니까 팔지 않고는 못 배기는 것이다. 기본적으로 소통이 되지 않으면 인내할 수 없다. 이것이 최소한의 조건이다.

그리고 스스로 수양도 필요하다. 때로는 극한 상황까지 견뎌야만 수익을 얻을 수 있다. 그것은 소통만으로는 해결할 수 없는 부분이다. 스스로 믿고 기다릴 만큼의 그릇이 되지 못하면 결국은 불안에 시달리다가 팔아버리게 된다. 이것이 주식투자에서 수익을 내기 위해 꼭 필요한 인내라는 덕목이다.

인내와 함께 반드시 갖추어야 할 것이 절제라는 덕목이다. 세상에는 수많은 투자의 기회가 있다. 이 기회에 대한 정보를 가장 많이 아는 사람들 중 하나가 증권사 직원들이다. 이미 말했듯, 이들 중에 부자가 많지 않은 것은 절제를 하지 못하기 때문이다.

주식시장을 가만히 살펴보면 업종별로 파동을 치면서 주가가 움직이는 것을 볼 수 있다. 오늘은 건설주가 올라갔다가 내일은 수출주가 올라가고, 또 때로는 금융주가 올라간다. 이런 파도만 잘 타면 매일 수익을 낼 수 있을 것처럼 보인다. 시장 흐름에 따라 이리저리 옮겨 타고 다니지만 결국 큰돈은 벌지 못하는 것이 현실이다. 증권사는 그런 방식을 통해 수수료를 벌지만 투자자의 돈은 야금야금 없어진다.

나는 사업을 한다는 생각으로 주식투자를 하라고 말한다. 예를 들어 음식점을 하는 사람이 옆에 있는 편의점이 잘 된다고 편의점을 열었다가, 또 그 옆에 있는 카페가 잘 된다고 카페를 창업한다면 성공을 할 수 있겠는가. 나는 삼성전자가 좋은 회사라고 생각한다. 하지만 투자는 하지 않고 있다. 내가 모르는 사업이기 때문이다. 또 내가 경영자라고 생각할 때 그렇게 큰 회사를 어떻게 운영해야 할지 모르기 때문이다.

사업은 내가 아는 사업만 해야 한다. 돈이 된다는 소문을 듣고 모르는 사업에 뛰어들었다가는 쪽박을 차기가 쉽다. 그건 다른 사람의 몫이라고 생각해야 한다. 아는 기업에 투자해 시간의 힘을 믿고 기다릴 줄 알아야 한다. 그리고 더 많이, 더 깊이 알기 위해 끊임없이 공부해야 한다. 주식투자의 열매는 약삭빠른 자보다 우직한 사람의 몫이라는 점을 잊지 말아야 한다.

5장

이것이 주식농부 박영옥의
투자법이다

투자원칙 1
주식도 농사라는 마음으로 임하라

주식을 산다, 주식투자를 한다는 말이 틀린 것은 아니다. 그런데 이렇게 생각하면 실패할 확률이 높다는 게 내 생각이다. 주식투자를 농사라고 생각하고 자신을 농부라고 생각해보라. 그러면 주식의 본질이 훨씬 더 명료하게 보인다. 그만큼 실패할 확률도 줄어든다.

먼저 우리가 종목을 찾는 것은 농부가 봄에 파종할 품종을 고르는 것과 비교해볼 수 있다. 벼농사를 짓는 농부는 벌써 작년부터 올해 심을 품종을 생각한다. 작년에 냉해를 입었으면 추위에 강한 품종을 찾고 가뭄 때문에 피해를 입었으면 비교적 적은 물을 먹고도 잘 자라는 품종을 찾는다.

가장 좋은 씨앗을 찾는 일은 농부에게 멈출 수 없는 일이다. 품종이 한 해 농사의 절반을 결정짓는다고 해도 과언이 아니다. 그렇게 중요한 품종을 생각 없이 고르거나 못자리를 만들어야 하는 시기가 되어서야 품종을 찾는 농부는 없다.

농부가 자기 논과 지역 날씨에 맞는 좋은 품종을 고르려면 공부와 생각을 거듭해야 하듯이, 주식투자에서 종목을 고를 때도 공부하고 생각한 다음에 결정해야 한다. 자기가 뿌린 씨앗이 어떤 품종인지, 어떤 병충해에 강하고 약한지 모르는 농부가 있는가. 얼치기 농부가 아닌 한 품종에 대한 정보는 다 알고 있다.

그런데 상당수 투자자들이 남들이 뿌린다는 이유로, 싸다는 이유로 알지도 못하는 품종의 씨앗을 뿌리곤 한다. 그래놓고는 기적 같은 일이 생겨서 품질 좋은 쌀이 대량으로 나오기를 바란다. 자신이 모르는 씨앗은 벼일 수도 있고 보리일 수도 있다. 최악의 경우 시쳇말로 '잡주', 즉 잡초의 씨앗일 수도 있다.

모내기를 해놓고 논에 가지 않는 농부를 상상할 수 있는가. 농부는 매일 물은 제대로 공급되고 있는지 병충해는 없는지 관찰하고 관리한다. 비가 많이 오면 물꼬를 트고 비가 그치면 물꼬를 닫는다. 가뭄이 들면 양수기를 동원해 필요한 물을 채워준다. 이때 농부가 집중하는 대상은 오로지 작물이다. 가을에는 황금들판이 될 것이라고 강력하게 믿지만 조바심을 내지는 않는다.

주식투자자들도 파종, 즉 주식을 산 다음에 손 놓고 있어서는 안 된다. 내가 '경작하고 있는' 기업이 잘 자라고 있는지, 어려운 점은 없는지 지속적으로 살펴야 한다. 그렇게 해야 세상에서 벌어지는 일들이 내 기업에 악재가 되는지 호재가 되는지 알 수 있다. 농부는 장마철이 되면 미리 물꼬를 점검하고 도랑을 친다. 그래야 홍수로 인한 피해를 막을 수 있다. 경제 상황에도 홍수는 있다. 외환위기, 9.11테러, 글로벌 금융위기 등이 대표적이다. 9.11을 제외하고는 모두 뚜렷한 징조가 있었다.

아시아에 외환위기가 닥치기 전인 1995~1996년 우리나라를 포함한 동남아의 경제는 호황이었다. 그러나 그 이면에는 외국 투자은행에서 빌려온 많은 외채가 있었다. 경기는 호황이었지만 질적인 면에서 보면 기초가 불안한 성장이었던 것이다.

거기다 대부분 단기외채였다. 단기로 들어온 외채는 단기간에 돈을 돌릴 수 있는 곳에 투자되어야 한다. 그러나 개발도상국의 기업들은 성장을 위해 시설투자나 연구 등 장기투자를 하게 된다. 쉽게 말해 다음 달에 갚아야 할 돈으로 1년 뒤에 수익이 나오는 곳에 투자를 한 것이다. 단기외채와 장기투자라는 미스매치는 헤지펀드들의 좋은 먹잇감이 되었다.

동남아시아 각국의 상황이 비슷하지만 가장 먼저 공격을 받은 태국을 예로 들어 설명해보자. 호황이 이어지면서 바트화가 평가절상되었다. 헤지펀드들은 먼저 보유하고 있던 바트화를 일시에 팔고 달러를 비축했다. 그러면 당연히 달러 대비 바트화의 가격이 떨어질 수밖에 없다. 그 즈음에 투자은행들에서 그동안 상환을 연기해주던 외채를 갚으라고 요구하는 것이다. 구체적인 증거는 없으나 투자은행의 상환요구는 헤지펀드들과 밀접한 연관이 있다는 것이 일반적인 해석이다.

달러를 비축해두지 못한 태국의 기업들은 바트화를 내다 팔아 달러를 사야 했다. 그럴수록 달러 대비 바트화의 가격은 떨어졌고 결국에는 태국의 경제 자체가 휘청거리게 되었다. 바트화뿐 아니라 주식, 채권 등의 가격도 폭락했다. 그리고 정말 말도 안 되는 가격의 바트화, 주식, 채권을 헤지펀드들이 사들였다.

우리나라도 태국과 거의 똑같은 과정을 겪은 후 'IMF 사태'를 맞았다. 달러당 800원이었던 원화가 1900원대까지 떨어졌다. 6만 원대였던 삼성전자의 주가가 3만 원대까지 폭락했다. 그리고 태국과 마찬가지로 폭락한 원화, 주식, 채권은 헤지펀드들의 손으로 들어갔다(외환위기 사태가 터진 지 23년이 지났다. 그때 최저가에 샀던 삼성전자의 주식을 아직도 보유하고 있다면 배당금을 빼고도 약 100배 이상의 수익을 거두는 셈이다. 2020년 기준으로 보면 배당금만 원금의 3배가 된다).

1997년 초부터 태국의 바트화가 이상 조짐을 보이고 그해 7월 2일 하루에 18%가 폭락할 때, 우리 정부도 헤지펀드의 통화 공격이 올 가능성이 높다는 것을 알고 있었다. 정부뿐 아니라 경제 상식이 풍부하고 국제 경제에 관심이 있는 사람들도 알고 있었다.

'태국의 외환위기'라는 명확한 징조가 있었음에도 많은 사람들이 대비를 하지 않았다. 설마 하는 마음, 위기불감증 때문이다. 결국 외환위기라는 전염병이 태국, 말레이시아, 인도네시아를 거쳐 1997년 11월 드디어 한국에도 상륙했다.

미국발 금융위기 때도 그랬다. 2006년부터 미국이 금리를 올리기 시작했다. 17회에 걸쳐 6.5%까지 올렸다. 저금리 때문에 붐이 일던 부동산이 타격을 받을 거라는 건 예상이 되었다. 이런 상황을 미리 알고 대비한 사람들은 부자가 되었고 그렇지 않은 사람들은 뒤통수를 맞았다.

미리 준비하는 농부는 홍수가 날 때 간단하게 점검만 하면 된다. 하지만 미리 도랑을 쳐놓지 않은 농부는 논두렁이 터져 나가고 난 뒤에야 후회를 한다. 초보 농부와 베테랑 농부의 결정적 차이는 절기를 아는가 모르는가 하는 것이다. 초보는 언제 파종을 해야 하는지, 8월에는 벼가 얼마나 자라야 하는지, 벼가 얼마만큼 익었을 때 추수를 해야 하는지 모른다. 하지만 베테랑 농부는 작물의 생육 과정을 잘 알고 있다.

오랫동안 농사를 지은 분들은 달력보다 더 정확한 직감을 가지고 있기도 하다. 벼는 보통 7월 말에서 8월에 꽃이 핀다. 농부가 이 사실을 모르면 내 작물이 정상적으로 자라고 있는지, 뭔가 문제가 있는지 알지 못한다.

기업도 그렇다. 주식을 살 때 이 기업은 향후 1년 동안은 투자 기간이고 2년 후쯤에는 투자의 결과가 3년 후에는 본격적으로 수익을 내기 시작한다는 로드맵을 그리고 있어야 한다. 시기가 빨라지면 좋은 일이지만 자꾸 늦어진다면 뭔가 문제가 있을 수도 있다. 이 시기를 모르면 애꿎은 손톱이나 물어뜯으면서 불안하게 기다리거나 팔아버린다.

농부는 일시적인 날씨의 변덕으로 생장이 더디다고 논을 갈아 엎지 않는다. 웃거름을 준다거나 하는 방법으로 대처를 하면 곧 정상적으로 돌아올 것을 알기 때문이다. 주식투자를 할 때도 일시적인 날씨의 변덕은 있다. 때로는 영영 끝나지 않을 것 같은 가뭄이나 폭우가 내릴 때도 있다. 그러나 내가 경작하는 기업을 알고 그 기업이 일기의 변화를 이겨낼 수 있다는 믿음이 있으면 팔지 않고 기다릴 수 있다.

이제 마지막으로 수확이 남았다. 경험 많은 농부는 파종기를 잘 아는 것처럼 수확기도 잘 안다. 너무 일찍 파종하면 씨앗이 땅속에서 썩어버릴 수도 있고 너무 일찍 수확하면 벼가 덜 여물어서 상품성이 떨어진다. 너무 늦게 수확하면 밥맛이 떨어지고 쌀에 금이 간다. 그리고 농부는 벼를 심어놓고 사과나 팥이 나오기를 기대하지 않는다. 오늘 모를 심어놓고 다음 달에 쌀이 나오기를 기대하지도 않는다. 농부는 가을이 되어야, 시간이 지나야 벼가 익는다는 것을 알고 있다.

주식투자도 그래야 한다. 1,000원짜리 주식을 사놓고 이게 금방 1만 원짜리가 될 거라고 기대해서는 안 된다. 벼에서 사과가 열리는 일이 없는 것처럼 순식간에 수십 배로 껑충 뛰어오르는 주식은 없다. 정말 어쩌다가 나오는 경우가 없지는 않지만 그걸 바라는 것은 마치 논에서 금광이 발견되는 것처럼 드문 일이다.

주식투자를 하는 많은 사람들이 파종을 하고 돌본 다음에 수확을 하기보다는 이미 꽃이 활짝 피었거나 열매가 맺힌 논을 찾으려고 한다. 이제 곧 수확기니까 금방 수익을 올릴 수 있을 거라고 생각한다. 하지만 거기에는 많은 투자자들이 있고 그만큼 가격이 올라갔다고 보는 것이 맞다. 자기 혼자 똑똑하다고 생각해서는 곤란하다.

방금 모내기를 한 벼들은 그냥 잡초처럼 생기기도 했고 언제

자라서 쌀을 수확할 수 있을까 하는 생각이 든다. 하지만 이미 꽃이 피고 벼가 여물기 시작하면 누구나 알아볼 수 있다. 그것을 나만 알아보리라고 생각하는 건 무리다. 언론에 소개되거나 화제가 되고 있는 기업들은 만개한 꽃이라고 보아야 한다. 이미 임자가 있고 그 임자가 금방 수확할 수 있는 논을 싼 가격에 내놓을 리는 없다. 뿌리고 가꾸는 대로 거두는 것이 농사다. 주식투자 역시 뿌리고 가꾸는 대로 거둔다. 남의 논에서 배울 것은 있으나 남의 논을 기웃거려 봐야 얻는 것은 없다.

"아름다운 마음으로 기업을 발굴하고 매사에 겸양의 정신으로 파트너를 존중하며 우호적으로 공생공영하는 길을 찾고 영속적 기업의 가치에 근거한 장기투자를 원칙으로 하며 노력한 만큼의 기대 수익에 감사하는 마음으로 투자한다." 우리 회사의 창립 모토다. 꽤나 긴 창립 모토를 한 문장으로 줄이면 '농부의 마음으로 투자하라'가 된다. 농부의 마음으로 투자하는 것, 즉 농심투자가 내 투자 철학의 핵심이다. 농부의 마음으로 투자하라. 그러면 행복한 성공 투자자가 될 수 있다.

투자원칙 2
기대한 수익에 감사하는 마음을 가져라

씨를 뿌리는 시기만큼 거두는 시기도 중요하다. 너무 빨리 수확하면 설익은 과실을 따게 되고 또 너무 늦게 수확하면 썩어버린다. 농사에서 수확하는 시기는 주식에 비해서는 쉬운 편이다. 눈으로만 봐도 어지간한 농사꾼은 수확할 시기인지 아닌지 알 수 있다. 벼는 누렇게 익어야 하고 사과는 빨갛게 물이 들어야 한다. 그래도 확신이 서지 않으면 한두 개 따먹어보면 맛이 들었는지 안 들었는지 알 수 있다.

그런데 주식은 그렇지 않다. 하락장에서 '시퍼렇게' 물들 때는 일단 예외로 하자. 수확하는 시기이므로 '빨갛게' 익어가는 때는 상승장일 것이다. 과일은 빨갛게 익은 다음에는 썩어가지만 주식은 그렇지 않다. 탐욕의 시기가 도래하면 언제까지나 빨갛게 익어갈 것만 같다. 이렇게 빨갛던 것이 파랗게 떨어지기 직전에 팔고 싶은 것이 사람의 마음이자 또 실패를 부르는 탐욕이다.

주식 농사를 잘 지으려면 채도에 대한 자기만의 기준이 필요하다. 다시 말해, 어느 정도 빨갛게 되었을 때 수확하겠다는 기준이 필요하다는 말이다.

주식농부인 나는 씨를 뿌리기 전, 즉 주식을 사기 전에 1년 농사 계획을 먼저 세운다. 이게 제대로 나오지 않으면 씨를 뿌리지 않는다. 예를 들어 볍씨를 5월에 뿌리면 6월에는 모심기를 하고 7월에는 키가 얼마까지 자라고 8월에는 꽃이 피고 9월에는 여물고 10월에는 수확한다는 계획을 세운다. 농부는 볍씨를 뿌릴 때 이것이 성장할 것이라는 확신을 가지고 있다. 농사를 짓는 와중에 가뭄도 있을 수 있고 태풍도 있겠지만 잘 대처하면 소출에 큰 차이가 나지 않는 것도 알고 있다.

이를 주식에 대비해보자. 주식을 살 때는 그 회사가 성장할 것이라는 확신을 가지고 있어야 한다. 꽃이 피기 전의 벼는 벼농사를 모르는 사람이 보면 그냥 풀이다. 즉 주식시장을 이해하지 못하거나 해당 기업을 모르는 사람이 보면 미래에 어떻게 될지 모르는 기업이다. 이 기업이 내 주식 농사라고 생각하는 사람에게만 벼의 미래가 보인다.

벼가 매월 어떻게 자랄지 예측하는 것처럼 내가 경작할 기업도 매년 어떻게 성장할지 예측이 되어야 한다. 그러면 내가 언제 수확을 해야 할지 알 수 있다. 막연하게 누가 잘 자랄 거라고 하니까 짓는 농사, 어떤 바보가 아직 풀에 불과한 벼를 비싼 값에 살 거라고 생각하는 투자는 결국 실패할 수밖에 없다.

주의할 것은 투자를 하기 전에 수확의 시기를 결정해야 한다는 것이다. 그리고 최초의 결정을 미련과 욕심 없이 따라야 한다는 것이다. 2001년에 내가 지은 주식 농사 중에 고려개발이라는 회사가 있다. 고려개발에 관심을 가지게 된 것은 1990년대 말 건설경기가 활성화될 때였다. 건설과 관련된 기업을 찾다 보니 고려개발이 눈에 띄었다. 고려개발은 1987년, 거제도 고현만을 매입하던 중 부도를 맞고 대림산업그룹에 인수되었다. 그런데 이후 거제도에 중공업이 활성화되면서 고현만의 땅값이 올라가 전화위복이 되었다. 당시 자본금이 300억 원이었는데 이익이 100억 원 이상 나는 회사였다. 주가는 액면가 밑에 있었고 배당을 항상 500원 정도씩 주고 있었다. 액면가 기준 배당률이 10%였고, 시가배당률은 15~20%나 되었다.

용산에 있는 본사에 가서 소통을 해보니 회사가 굉장히 투명하게 운영되고 있었다. 부채도 거의 없고 안정적인 수익을 추구할 수 있겠다는 확신이 들었다. 제조업의 재고자산이라 할 수 있는 다량의 부동산이 있었고 은행관리를 통해서 선구조조정이 된 터라 자본구조 또한 건실했다. 직원들의 회사에 대한 만족도도 컸다. 내가 보는 고려개발의 가치는 2만 원에서 2만 5,000원 정도였다.

2001년부터 주식을 매입하기 시작했다. 가격대는 3,200원부터 7,000원까지였다. 그러나 9.11테러가 발생하면서 주가는 순식간에 5,000원대까지 하락했다. 기회다 싶어, 대량으로 매수를 하고 기다렸다. 충분히 자신이 있었다. 본사와 고현만은 물론이고 온천을 개발한다는 천안에도 수시로 가보았다. 갈 때마다 현장소장들과 만나서 이야기도 하고 부동산 관련 서류를 떼보기도 했다.

주변의 증권사 직원들과도 고려개발에 대한 의견을 나누었다. 그러다 보니 내가 직원들보다 회사 사정을 더 잘 알게 되었다. 소통의 결과, 미래 예측은 긍정적이었고 곧 예측은 현실이 되었다. 내가 '농업계획'을 짤 때 고려개발의 가치는 2만 원 이상이었지만 내 수확의 시기는 1만 5,000원이었다. 더 올라갈 거라는 판단은 있었지만 과감하게 팔고 나왔다. 왜냐하면 그것이 나의 농업계획이었기 때문이다.

많은 사람들이 최초에 세웠던 계획을 무시하고 계속 빨갛게 익을 거라는 생각으로 버티다가 퍼렇게 떨어진 다음에야 후회를 하곤 한다. 최초에 생각한 기대수익이 있고, 그것이 만족되었으면 감사하는 마음으로 물러설 줄 알아야 한다. 그 후에 발생하는 수익은 다른 사람들의 몫이다. 이후 고려개발은 4만 원대까지 올라갔다. 솔직히 전혀 아쉬운 마음이 들지 않았다면 거짓말일 것이다. 하지만 그 아쉬움을 잘 다잡아야 다음 주식 농사를 잘 지을 수 있다.

내가 꼭짓점에 팔고 나온다면 누군가 손해를 본다는 뜻이다. 내가 판 주식을 산 사람이 손해를 본다는 게 뭐 그리 좋은 일이겠는가. 그런 것이 농부의 마음은 아닌 것 같다.

초기에 기대했던 수익이 채워지면 수확을 하고 다시 다른 씨앗을 뿌리는 것이 주식농부로서의 자세다. '여기서 조금 더 오르면 아까워서 어떡하지'라는 생각을 하는 순간, 농사는 순식간에 망가진다. 투자를 하기 전에 농업계획을 세워라. 그리고 기대했던 수익이 나오면 미련 없이 수확하라. 증시에는 수많은 씨앗과 경작지가 있다. 시장에서 새로운 묘목, 새로운 씨앗을 찾아 뿌리는 것이 진정한 주식농부의 자세다.

투자원칙 3
사업체를 운영한다고 생각하라

동네에서 작은 분식집을 운영하는 사장님의 일과를 상상해보자. 아침 일찍 나와서 청소를 한다. 재료를 손질한다. 양념을 준비한다. 육수를 미리 끓여놓는다. 그리고 사람들이 이동하는 시간에 맞춰 음식을 내놓는다. 짬이 나면 뭔가 다른 메뉴는 없는지, 좀 더 맛있게 하는 방법은 없는지, 최근 잘 나가는 건 뭐고, 안 나가는 건 뭔지 생각한다. 지극히 단순화시켰지만 매일매일 하지 않으면 안 되는 일이다. 개업만 해놓고 아무것도 하지 않는 사장님은 상상할 수 없다. 상식적인 이야기다.

그런데 상상할 수 없는 사장님이 증시에는 꽤 많다. 내가 생각하는 주식투자는 '사업을 잘하는 사람에게 돈을 대주고 사업의 성과를 공유하는 것'이다. 그런데 일단 투자를 하고 난 후에는 손 놓고 구경만 한다. 매일 모니터만 들여다보면서 주가가 올라가면 펄쩍펄쩍 뛰며 기뻐하다가 떨어지면 벌벌 떨고 있다. 꼭 텔레비전으로 축구 경기를 응원하는 것처럼 말이다. 텔레비전을 보면서 아무리 응원해 봐야, 잔소리를 해봐야 선수들에게는 전달되지 않는다.

실제의 축구 경기라면 일반인은 관중석에서 고함을 지르는 일 밖에 없지만 우리가 지금 이야기하고 있는 것은 주식투자라는 게임이다. 이 게임에서는 감독 옆자리에 가도 되고 심지어 경기장에 뛰어들어 선수들과 같이 뛰어도 반칙이 아니다.

주식투자는 돈을 쥐놓고 벙어리 냉가슴 앓듯이 마냥 기다리는 게임이 아니다. 적극적으로 참여하는 게임이 되어야 한다. 스스로 자기 사업체를 운영한다는 생각으로, 내가 투자한 기업의 경영자라는 생각으로 투자를 해야 한다.

훌륭한 경영자들을 생각해보라. 그들은 기업의 미래를 생각하고 전략을 수립하고 직원들에게 힘을 주고 현장 방문도 게을리 하지 않는다. 그렇게 해야 회사가 성장한다는 것을 알고 있기 때문이다. 경영자가 자금만 내놓고 딴청을 피우고 있는 기업이 잘될 리가 있겠는가. 투자자이자 경영자인 사람들이 기업의 성장에는 관심도 없고 오로지 주가만 보고 있어서야 되겠는가. 그것은 마치 사장이 품질에는 신경도 쓰지 않으면서 입금통장만 바라보고 있는 것과 같다.

2016년 봄, 여수에 다녀왔다. 와이엔텍의 본사가 그곳에 있었다. 와이엔텍은 폐기물 처리와 해운사업을 하고 있는 기업이다. 대표이사를 만난 자리에서 해운사업을 하는 관계사와의 합병을 제안했다. 동일한 사업을 하면서 굳이 두 개의 회사를 따로 운영할 이유가 없었기 때문이다. 그리고 매립지와 소각로를 둘러보면서 또 하나의 아이디어가 떠올랐다. 당시 2기의 소각로 모두 가동되고 있었다. 폐기물을 더 받을 수 없는 상황이었다. 그런데 2013년, 이순신대교가 개통되면서 1시간 거리에 있던 광양제철소가 20분으로 가까워졌다. 소각로를 추가 건설하면 얼마든지 광양제철소의 폐기물을 받아올 수 있을 거라고 판단했다. 두 가지 제안은 모두 받아들여졌다. 합병은 그해 여름에, 소각로는 2020년 완공되었다. 당시 3,000원대였던 주가는 2021년 3월, 1만 5,000원선에서 거래되고 있다.

제안을 한다고 항상 받아들여지는 것은 아니다.

나는 2010년 2월 삼천리자전거와 그 계열사인 '참좋은레져'에 주주제안을 했다. 참좋은레져는 삼천리자전거의 계열사이자 고급 MTB자전거를 판매하는 첼로스포츠와 여행상품을 판매하는 참좋은여행이 2008년 합병한 회사다. 합병 이후 나름 기대를 갖고 지켜보았지만 이렇다 할 만한 시너지 효과가 나타나지 않았다.

어떻게 하면 합병의 효과를 볼 수 있을까를 생각하다가 '아주 간단한' 방안을 찾아내게 되었다. 그냥 두 회사의 제품을 합치기만 하면 되는 것이었다. 자전거라는 제품과 여행이라는 상품을 합치면 '자전거 여행'이라는 새로운 상품이 탄생하게 된다. 당시 자전거는 건강, 교통수단, 레저 등으로 수요가 다양해지고 있던 참이었고 자전거로 국토종단을 하는 사람들도 늘어나고 있었다. 자전거 여행이라는 개념을 도입한다면 참좋은여행은 여행상품을 팔아서 좋고 첼로스포츠는 자전거 인구의 저변을 확대할 수 있어서 좋다. 내 제안에 참좋은여행 측은 긍정적인 반응을 보였고 상당한 기대감을 나타냈다. 그러나 상품을 내놓지는 못했다. 실행단계에서 시장성을 확인하지 못한 것으로 알고 있다. 하지만 여전히 기회를 엿보고 있다는 말을 최근에 들었다.

또 다른 예도 있다. 40년 동안 설비를 바꾸지 않고 재투자하지 않는 기업이었다. 공장의 천장은 곧 무너질 것 같았고 직원 화장실은 재래식이었다. 공장 외벽도 흉물처럼 방치되고 있어서 지역 사람들의 눈총을 받았다. 몇 백만 원만 투자하면 현대식으로 바꿀 수 있을 텐데 그마저도 투자하지 않는 것이다. 제안을 했지만 귓등으로도 듣지 않았다.

내가 하는 모든 주주제안이 항상 받아들여질 거라고 기대하지는 않는다. 업계에 대한 전문적인 지식은 나보다 회사의 임직원들이 더 잘 알고 있다. 나는 제안을 하는 것이고 수용 여부를 결정하는 것은 회사의 몫이다. 다만 제안을 들으려는 태도 자체가 없다면 동업자로서는 부적격이다. 받아들여지면 좋은 거고 아니면 나쁜 게 아니다. 중요한 것은 제안을 할 수 있을 정도로 기업을 공부했다는 것이다. 이것이 진정한 투자자의 자세다.

주주제안이라고 해서 거창하게 생각할 필요는 없다. 예를 들어 독자가 음료수를 만드는 기업의 주주라고 가정해보자. 하루는 동네 슈퍼마켓에 가서 보니 이 회사의 상품이 진열대의 구석자리에서 먼지를 쓰고 있다. 그냥 모른 척 지나가는 것은 주인으로서의 태도가 아니다. 우리는 회사에 전화를 걸어 이 사실을 알려줄 책임과 개선하라는 충고를 할 권리가 있다. 전화를 했는데 합리적인 설명도 없고 개선도 되지 않는다면 이 회사의 소통 구조에 문제가 있다고 보아도 된다. 만약 그 다음 날 바로 시정이 된다면 소통에 관한 한 굉장히 긍정적인 평가를 내려도 좋을 것이다.

우리는 직원들과 밥과 술을 먹을 수도 있다. 전화로 사장의 안부를 물을 수도 있다. 그 회사의 물건을 사서 쓰면서 개선안을 낼 수도 있다. 또 주변의 지인들에게 그 회사의, 정확히는 내 회사의 물건을 추천할 수도 있다. 잘못하는 게 있으면 잔소리도 하고 아이디어가 있으면 주주제안을 할 수도 있다. 투자자로서, 경영자로서 우리가 할 수 있는 일은 수없이 많다. 이는 할 수 있으면서 동시에 해야 하는 일이기도 하다. 그렇다고 이 일에 하루 종일 매달리는 것은 아니다. 일과 시간도 모자라 잠자는 시간까지 회사 생각을 하는 것은 그 회사의 사무실에서 일하고 있는 사장의 몫이다. 자기 일을 하면서 규칙적으로 일정한 시간을 내어서 경영자의 역할을 하는 것으로 충분하다

많은 사람들이 주식투자를 하면서 주인이 아니라 손님인 듯 행동하고 있다. 주식투자뿐만 아니라 어디서 무엇을 하든 주인의식은 중요하다. 그런데 자기 인생의 주인이 아니라 손님처럼 살고 있는 사람이 적지 않은 것 같다.

그런 사람들이 인생을 성공적으로 꾸려가는 것을 보지 못했다. 우리는 각자 자기 인생의 주인이 되어야 한다. 그리고 각자 투자한 기업의 주인이 되어야 한다. 주식의 본질은 유가증권을 사고파는 것이 아니다. 내가 투자한 기업을 함께 경영하고 그 성과를 나누는 것, 그것이 주식의 본질이자 성공적인 투자의 첩경이다.

꾸준한 관찰과 소통을 고수하라

앞에서 좋은 기업의 주식을 사서 시간에 투자하는 것이 주식의 상식이라고 말했다. 그런데 이 상식을 행동으로 옮기기가 여간 어려운 것이 아니다. 좀처럼 움직이지 않는 주가를 보면 조바심이 난다. 조금이라도 주가가 떨어지면 바닥없이 떨어질까 불안하다. 다른 기업의 주식이 훨씬 더 좋아 보이기도 한다. 이 같은 장기투자를 방해하는 요소들을 이겨내는 것이 관찰과 소통이다.

지금은 거의 없지만 증권사 직원들이 사무실로 찾아오곤 했다. 그들의 손에는 '투자하기 좋은 기업'의 목록과 이 회사의 창대한 비전, 각종 고급 정보들이 들려 있었다. 어설플 때도 있지만 설득력 있는 정보로 투자를 권유하는 때도 많았다. 어느 쪽이든 내 대답은 똑같았다.

"그 회사 가보셨어요?"

그러면 대부분 '가보지 못했다'는 답을 한다. 그 회사를 어떻게 알았는지 물어보면 누군가에게 정보를 얻었거나 자기가 나름대로 공부해서 발견한 기업들인데 분석을 해보니까 괜찮더라고 한다. 그러면 나는 다시 말한다.

"그 회사를 세 번 정도 가보세요. 서류로만 보지 말고 현장을 확인해보세요. 그러고도 이 회사가 투자할 만한 회사라고 생각되면 그때는 제가 투자를 할게요."

'알겠습니다' 하고 돌아간 사람 중에 세 번을 가보고 다시 돌아온 사람은 없다. 증권사 직원들만의 문제는 아니다. 증권사에 속해 있으면 기업을 방문하고 장기간 소통할 시간이 없다. 또 우리나라 증권사들의 수익구조가 거래 수수료에 집중되어 있기 때문이기도 하다.

투자를 하면서 나는 소통을 굉장히 중요하게 여긴다. 농부가 매일 자신이 기르는 농작물과 대화를 하듯이, 주식농부인 나는 늘 기업과 소통을 유지하고 있다. 소통이 되면 얼마든지 기다릴 수 있지만 소통이 되지 않으면 잠시도 기다릴 수 없다.

앞에서 말한 보령제약의 경우, 정말 오랫동안 순이익이 신통치 않았고, 그에 따라 주가도 오르지 않았지만 투명하게 소통이 되었기에 기다릴 수 있었다. 그 반대의 경우도 있다.

CCTV를 생산하는 H라는 기업에 투자한 적이 있었다. 우리나라도 범죄가 늘어나고 안전에 대한 욕구가 커지면서 CCTV가 설치되는 곳이 많아지고 있는 추세였다.

미국, 유럽 등 선진국을 봐도 곳곳에 CCTV가 설치되어 있다. CCTV 수요가 늘어날 것이라고 보고 업체를 찾았다. H사가 눈에 띄었는데 내용이 괜찮았다. 유럽으로 수출되는 규모가 매년 1,300억 원 내외니까 기술력과 영업력이 있다고 보았다. 재무구조도 좋은 편이었다. 그래서 나름 큰 기대를 가지고 주식을 매입했는데 2년가량 있다가 손절매를 하고 말았다. 그 사이에 수출이 대폭 줄었다거나 공장에 불이 났다거나 하는 악재는 없었다. 사실 이런 부분들은 대처만 잘하면 얼마든지 극복될 수 있는 문제이기에 큰 악재가 아닐 수도 있다. 내게 있어 가장 큰 문제점은 소통이 되지 않는다는 것이었다.

두세 번 회사를 방문해서 담당 대리나 과장들과는 이야기를 할 수 있었다. 현장에서 일을 하는 사람들과의 소통도 물론 중요하다. 하지만 기업의 운전대를 잡고 있는 경영자와의 소통이 가장 중요하다. 직접 만나서 기업의 비전, 장기적인 전략들을 물어보고 싶은데 만나주지를 않았다. 주주총회에 가면 만날 수 있겠거니 해서 갔는데 자기들끼리 얼렁뚱땅 해치우더니 가버렸다. 대인기피증이라도 있는지 그 자리에서 꼭 만나고 싶다고 해도 '불통'이었다.

공장 탐방을 가도 보안이라는 이유로 보여주지 않았다. 무엇보다 임직원들의 태도가 매우 불성실하고 무성의했다. 경영자가 주주 만나기를 꺼려 하고 공장은 비밀스럽게 돌아가고 자금과 관련해 수상쩍은 냄새를 풍기는 자회사가 있는 기업. 기다릴 만큼 확신을 가질 수 없었다. 그리고 그때의 판단은 옳았다. 그 회사의 주가는 지금도 그때 그 자리에 머물러 있다. 세월이 흐른 만큼 성장하지 못한 것이다.

사람도 변하고 기업도 변한다. 어릴 때는 공부도 못하고 어수룩했던 친구를 한참 뒤에 만나면 성공한 사업가로 성장해 있는 일도 있다. 반대로 공부도 잘하고 반장도 하고 똑똑하던 친구가 사회의 낙오자가 되어버리는 일도 있다. 그럴 때 우리는 놀랄 수밖에 없다. 하지만 그 친구들과 계속해서 관계를 유지하고 있었다면 결코 놀라지 않을 것이다. 어수룩하던 친구가 피땀을 흘리며 노력하는 과정, 똑똑하던 친구가 흥청망청 시간을 낭비하는 과정을 모두 알고 있기 때문이다.

소액이라고 기죽을 필요는 전혀 없다. 국민 한 사람 한 사람이 나라의 주인인 것처럼 단 한 주만 갖고 있어도 당당한 기업의 주인이다. 제대로 된 회사라면, 제대로 된 경영자라면 깊고 지속적인 관심을 가져주는 주주에게 오히려 감사해할 것이다. 그 정도로 소통의 길이 뚫려 있는 기업이라면 투자에 대해 반드시 기대한 만큼의 수익을 돌려줄 것이다.

투자원칙 5
자기만의 가치 기준을 세워라

대다수의 남자들은 명품백을 좋아하는 여자들을 이해하지 못한다. 남자들에게는 비슷비슷한 가방일 뿐이다. 1,000만 원이 훌쩍 넘어가는 명품백을 남자들만 있는 곳에서 경매에 내놓으면 원래의 10% 가격에서 낙찰될지도 모른다. 이런 현상이 나오는 것은 가치의 기준이 다르기 때문이다. 건강한 사람에게 산삼은 먹으면 좋지만 안 먹어도 그만인 상품이다. 하지만 치명적인 질병을 앓고 있는 사람에게 그의 병에 산삼이 특효라고 한다면 그 가치는 돈으로 환산하기조차 어렵다. 이처럼 동일한 물건이라도 사람에 따라 매기는 가치는 판이하게 달라진다.

주식투자에서도 마찬가지다. 흔히 '주식은 쌀 때 사서 비쌀 때 팔면 되는 것'이라고 쉽게 말하지만 이게 결코 쉽지가 않다. 기업의 가치보다 주가가 높게 형성되어 있으면 비싼 것이고 반대의 경우라면 싼 것이다. 싼지 비싼지 정확하게 계산해내는 공식은 없다. 각자 기업을 바라보는 기준이 다르기 때문이다.

물론 주가가 싼지 비싼지를 가늠하는 '공식적인' 기준들은 있다. 가장 기본적인 것으로 주가수익비율(PER)을 들 수 있다. 현재의 주가를 주당순이익으로 나눈 것으로 주가가 4만 원일 때 1주당 순이익이 4,000원이면 PER은 10이 된다. 이 수치는 낮을수록 긍정적인 신호로 해석할 수 있다. 일반적으로 PER이 10이면 적정한 가격이라고 하고 그보다 낮으면 저평가 되어 있다고 한다. 업종마다 평균적인 PER이 있으므로 10이 절대적인 기준이라고 할 수는 없다.

또 하나, 기업의 순자산을 주식수로 나눈 값인 주당순자산(BPS)을 들 수 있다. 주식투자는 원금이 보장되지 않는다. 최악의 경우 회사가 도산할 수도 있다. 이때 주당순자산가치가 주가보다 낮으면 도산할 경우 원금이 확보되지 않는다. 그래서 주당순자산가치를 청산가치라고도 한다. 이 외에도 여러 지표들이 있다.

이렇게 수치로 나타낼 수 있는 지표들로만 주가의 가치를 평가한다면 주식투자는 굉장히 쉬운 재테크 수단 중 하나일 것이다. 하지만 다들 알다시피 주식의 가치를 평가하는 기준은 이 외에도 많다. 비즈니스 모델, 경영자의 능력과 도덕성, 미래 성장성과 수익성, 기업 내부의 문화, 구성원들의 능력, 경쟁 회사의 구도, 배당 능력과 의지 등 세세하게 따지자면 한도 끝도 없다.

예를 하나 들어보자. 설립된 지 30년이 넘은 기업으로 트럭터미널을 운영하는 업체가 있다. 2007년 820억 원 규모이던 이 회사의 토지 가치가 갑자기 어마어마하게 커졌다. 트럭터미널을 하려면 넓은 땅이 필요하다. 그런데 2008년 자산재평가를 하면서 서울의 노른자였던 이 땅의 가치가 5,012억 원으로 뛰었다. 순식간에 토지의 순자산이 4,192억 원 증가한 것이다. 주당순자산가치가 높으므로 이 회사를 투자하기 좋은 회사라고 할 수 있는가. 그 판단을 하기에는 아직 이르다.

이 회사의 매출을 보자. 2007년 231억 원에서 277억 원으로 2.0% 증가하는 데 그쳤다. 영업이익은 13억 원에서 17억 원, 순이익은 1.5억 원에서 불과 2.2억 원밖에 증가하지 않았다. 말하자면 땅값이 올랐을 뿐 실질적인 성장은 보잘것없었다는 것이다.

기업의 자산가치는 중요하다. 업력이 수십 년 된 회사가 매년 일정액의 이익을 내고 그 이익이 쌓여 자산이 많아졌다면 굉장히 긍정적인 신호라고 할 수 있다. 지난 10년 동안 매년 5%씩 성장을 해왔다면 향후에도 그 정도는 성장할 가능성이 높다.

하지만 이 역시 주식의 가치를 평가하는 절대적인 기준이 될 수 없다. 점점 사양산업으로 가는 업종이거나 탁월한 재능을 보였던 경영자가 물러나고 아직 검증되지 않은 2세 경영자로 바뀌었다면 이야기가 달라진다. 위태위태한 디지털 기업에 빌 게이츠가 CEO로 온다면 그 기업의 가치는 높아지는가. 혹은 탄탄한 기업에 수년 전 횡령을 했던 사람이 경영자로 온다면 또 어떤가. 극단적인 가정이긴 하지만 한 번 생각해보라. 위태위태하다는 점에 방점을 찍는다면 안정 지향적이라고 할 수 있고 빌 게이츠가 눈에 띈다면 성장 지향적이라고 볼 수 있다. 기업의 가치를 판단하려면 기업 내외의 모든 요소들을 파악해야 하기 때문에 주식투자를 종합예술이라고 말하기도 한다.

그렇다고 속편하게 '주식의 가치는 각자 주관적인 것이다'라고 말할 수는 없다. 주관을 말하기 전에 먼저 객관적인 사실들을 파악해야 한다. 예를 들어 현재 1만 원짜리 주식이 있는데 1년 전에는 3만 원이었다. 그러면 주가가 싼 것인가. 우선은 1년 전후에 무슨 일이 있었는지 알아야 한다.

신기술을 개발했다는 소문 때문에 급등했다가 다시 떨어졌을 수도 있다. 그것이 헛소문이었다면 1만 원은 정당할 수 있지만 기술

개발은 되었는데 상품화 단계에서 시간이 걸리고 있다면, 기업 내에서 이 문제를 해결하기 위해 노력하고 있다면 1만 원은 싼 가격일 수 있다.

우리는 한 기업의 주식을 사기 전에 최소한 지난 10년간의 역사를 세밀하게 추적해보아야 한다. 그리고 위에서 말한 자산가치, 수익가치, 배당, 경영자, 직원들, 기업문화, 업종의 전망 등도 알아야 한다. 여기까지가 기본이다.

이 기본을 다 파악한 후에야 비로소 주관적인 가치 기준을 세울 수 있다. 자산가치는 떨어지지만 경영자의 능력이 탁월하고 그것이 중요하다고 생각한다면 가치를 높게 매길 수 있다. 배당은 높지만 재무구조가 부실하고 그것을 중요하게 생각한다면 가치를 낮게 매길 것이다. 반대로 배당을 중요하게 생각하는 사람은 높은 가치를 매길 것이다. 어느 쪽이 옳다거나 그르다고 할 수 없다. 각자 자신이 가진 가치 기준에 따라 평가하고 투자를 하는 것이다.

나의 경우는 무엇보다도 안정적인 성장성에 무게중심을 두고 있다. 기업은 계속적 기업(going concern)에 근거한 사업 모델을 보며, 적어도 3~4% 정도의 시가배당은 해줄 수 있는 기업, 소액주주에 대한 배려와 열린 경영을 하는 경영자가 있는 기업에 투자를 해준다.

기업의 경영에는 관여치 않는 단순투자가이기 때문에 아무래도 내실 있는 기업에 투자할 수밖에 없다. 그리고 동행하며 꾸준히 소통하면서 장기투자를 해야 한다. 동행, 소통, 장기투자는 주식투자의 기본이며 흔들려서는 안 되는 기준이다.

투자원칙 6

위기 이후를 보는 혜안을 길러라

IMF 때의 교훈이 없었다면 9.11테러 때 나도 어떤 결정을 내렸을지 알 수 없다. 한국은 물론이고 전 세계의 증시는 공황 상태에 빠지고 미국이 망한다느니, 회색전쟁이니 하는 말들이 난무하면서 코스피 지수가 단기간에 20%까지 빠졌다.

IMF 때의 교훈이 있었기에 9.11테러가 충격적인 사건이긴 해도 결국에는 극복될 것이라고 믿었다. 더구나 외환위기 때와는 달리 비경제적인 요인이었다. 나는 보령제약, 고려개발, KCC건설(구 금강종합건설) 등 우량한 주식들을 사서 기다렸다. 6개월이 지나자 증시는 다시 회복되었고 내가 매입한 주식들은 9.11테러 이전보다 더 높은 가격으로 올라갔다. 위기를 기회로 이용한 것이다.

우리는 다음 세 가지의 진실을 알고 있다. 위기는 항상 있다, 위기 속에 기회가 있다, 위기는 언젠가 지나간다. 그럼에도 불구하고 위기가 닥치면 주식을 팔지 못해 안달하는 사람들이 많다. 하기 쉬운 말로 '위기를 즐겨라'라고 하지만 위기라고 생각한 이상 즐기기는 어렵다.

우선 우리가 알고 있는 많은 위기들을 떠올려 보자. 1920년대 말 미국은 대공황을 겪었다. 그때 우리나라는 식민지였다. 1939년 발발한 2차 세계대전 때는 전 세계적으로 6,000만 명이 죽었고 일본에는 핵폭탄이 떨어졌다. 1950년에는 전 국토가 초토화되는 한국전쟁이 일어났다. 1970년대와 1980년대 두 번의 오일쇼크가 있었다. 주식가격과 채권가격이 폭락했다. 이후에도 IMF 사태, 9.11 테러, 글로벌 금융위기가 있었다. 지금 어떻게 되었는가. 모두 극복되었거나 극복되는 과정에 있다.

그리고 지금, 인류는 지금까지 만나본 적 없는 전염병을 극복해 나가는 중이다. 전 세계가 달려들어 제각기 백신을 만들어냈다. 우리가 선진국이라고 여기던 국가들도 코로나19의 전염력을 감당하지 못하고 허둥댔다. 우리나라도 위기의 순간이 있었지만 지금은 '방역 선진국'으로 평가받고 있다.

끔찍하고 지독하다는 말로는 도저히 표현할 수 없는 악재들이 있었지만 결국에는 지혜를 모아 극복해낸 것이 현재까지의 역사다. 출렁거림은 있었지만 전체적으로 보면 세계경제는 상승곡선을 그리고 있다.

지나고 나서 보면 이렇게 명확한데 당장 위기가 닥쳤을 때는 왜 대부분 갈팡질팡하는 것일까. 비유를 하자면 벽에 너무 가까이 붙어 있기 때문이다. 담벼락과 1센티미터 거리에 서서 눈을 뜨면 오로지 벽만 보인다. 거기서 한 발, 두 발 뒤로 물러나면 '고작' 키 높이밖에 안 되는 담벼락인 줄 알게 된다.

1센티미터 거리에 있을 때는 결코 넘을 수 없을 것 같았던 벽이 사실은 손을 뻗어 잡고 오르면 큰 어려움 없이 넘을 수 있는 담벼락이란 사실을 알게 된다. 나는 우리에게 오는 위기들이 이런 담벼락 같은 거라고 생각한다. 거리를 유지해서 보면 넘을 수 있는 위기인데, 위기감에 매몰되어 있으니까 그 너머에 있는 세상이 보이지 않는 것이다.

이렇게 위기를 한두 발자국 뒤에서 볼 수 있는 힘을 가진 사람들은 위기를 즐긴다. 이들은 위기 속에 있는 기회를 볼 줄 알고 위기가 곧 지나갈 것이라는 사실도 알고 있다. 선견지명이 있는 사람들은 다른 사람들이 위기에 놀라고 있을 때 위기를 기회로 만든다. 따라서 위기를 즐기려면 위기를 역사 속의 한 과정이라고 인식할 수 있는 혜안이 있어야 한다.

이런 혜안은 경제적인 지식만으로 만들어지는 것은 아니다. 다양한 경험과 다양한 분야의 독서도 해야 하고 여행을 통해 자신이 있던 자리를 객관적으로 보고 동시에 세상을 보는 눈도 길러야 한다. 그래야 위기가 오고 있는지 가고 있는지 평상시인지 알 수 있는 통찰력이 생긴다. 이것이 주식 공부가 삶의 공부와 통하는 이유다.

위기를 기회로 삼기 위해서 갖춰야 할 또 다른 덕목은 결단력이다. 위기가 오고 사람들이 헐값에 주식을 내놓을 때 과감하게 매수할 수 있어야 한다. 베팅을 해야 하나 말아야 하나 망설이다가는 적절한 타이밍을 놓치기 쉽다.

그렇다고 떨어진 주식을 마구 주워 담아서는 안 된다. 위기는 분명 지나가지만 항상 상처를 남기기 마련이다. 미리 준비하지 못한 기업들, 대처 능력이 부족한 기업들은 위기상황에서 완전히 쓰러져버린다. 쓰러질지도 모르는 기업을 가격이 폭락했다고 살 수는 없다. 1등 기업은 위기일수록 빛나는 법이다. 그리고 위기가 끝난 후에는 더욱 빛을 발한다. 그동안 시장을 나눠 먹던 하위 기업들 중 일부가 사라지면서 시장지배력이 더 커지기 때문이다.

2008년 미국발 글로벌 금융위기로 전 세계 증권시장이 요동을 쳤다. 하루 100포인트 이상 등락을 거듭하며 투자자들을 공포에 떨게 했다. 어느 정도 예상은 하고 있었지만 나도 그 위험을 피해 갈 수는 없었다. 당시 증권주 우선주 중심의 배당투자를 했는데, 금융위기가 닥쳐오자 증권주는 일반 제조업체보다도 훨씬 크게 하락했다. 위기가 끝나면 1등 기업을 중심으로 큰 폭의 상승이 예상되었다. 나는 증권주 우선주를 일부 매각하고 각 업종별 1등 기업을 매수하기로 했다.

당시에는 일시적으로 자금 사정이 어려워진 몇몇 대주주 지분이나 일부 큰손들의 물량이 가격에 관계없이 나오고 있었다. 2대 주주로 있던 대동공업의 주가도 2만 5,000원대에서 1만 3,000원대까지 빠졌다. 나는 이 기회를 이용해 지분을 18%까지 늘렸다.

또 그동안 소통해왔던 기업들 중 1등 기업을 중심으로 물량을 매집했다. 현대차를 4만 원대에, 자전거 1등 기업인 삼천리자전거와 참좋은레져는 3,000~4,000원대에, 시장점유율 1위 종자회사인 농우바이오를 3,000원대에 매수했다. 그 밖에 인터넷정보보안 업체인 나우콤과 증권방송의 강자인 한국경제TV, 각종 진단 시약 국내 1위 사업체인 에스디(외국계 다국적 기업에 피인수되어 상장폐지됨) 등을 헐값에 사들였다.

결과는 대성공이었다. 당시는 모두가 위기를 외쳤지만 지금 생각하면 큰 기회였다. 나는 우리가 하나의 공동운명체로 살아간다는 말을 자주한다. 우리의 삶이 지속되는 한 크고 작은 위기는 항상 있지만 결국 해결이 되고 잘 극복하면서 살아간다. 이렇게 위기 때마다 극복될 수 있다는 긍정의 힘으로 준비된 기업들에게 투자를 해왔다.

90% 이상의 사람들이 위험하다, 안 된다고 할 때 베팅할 수 있는 용기는 확신에서 나온다. 막연하게 '배짱으로 삽시다'라며 덤벼들면 추풍낙엽처럼 떨어지는 기업들과 함께 떨어질 수 있다.

평소 관심을 가지고 지켜보던 기업, 이 기업이라면 이 정도 위기는 얼마든지 극복할 수 있다고 자신할 수 있는 기업에 위기를 기회로 만드는 길이 있다. 부실한 기업에게 위기는 위기 그 자체일 뿐 기회가 될 수 없다.

투자원칙 7
계란은 확실한 바구니에 담아라

'계란을 한 바구니에 담지 말라'고 한다. 분산투자를 통해 위험을 줄이라는 포트폴리오 이론이다. 정설처럼 되어 있지만 항상 옳은 것은 아니다. 여러 업종에서 대표적인 종목을 골라 고르게 투자해놓으면 개별 업종, 혹은 개별 기업의 위험은 상쇄될 수 있다. 하지만 시장 전체의 위험에는 대처할 수 없다.

이미 수차례 말한 바 있지만 코스피 지수는 예측이 불가능하다. 코스피 지수가 상승할 것이라는 막연한 기대감을 갖고 분산투자 이론에만 집착하는 것은 과히 현명한 방법이라고 할 수 없다. 누누이 강조했듯이 우리는 코스피 지수를 보고 투자를 하는 게 아니라 기업을 보고, 기업의 가치 상승을 예상하고 투자하는 것이다.

　　포트폴리오 이론으로 다시 돌아가보자. 계란 바구니는 각각의 기업이라고 할 수 있다. 바구니 하나에서 탈이 나더라도 다른 바구니가 있으니까 괜찮다는 것이 분산투자의 기본 이론이다. 여기서 중요한 것 하나, 계란 바구니는 여럿 가졌는데 그중 하나도 제대로 아는 바구니가 없다는 점이다. 시장에서 1등이라고 평가 받는 기업이라도 내가 확신을 가지지 못하면 기다릴 수 없다. 기다리더라도 피가 마른다. 바구니를 여럿 들고 가는데 그중에서 구멍 난 바구니가 있을지도 모른다는 불안이 있다면 '행복한 투자'가 되기는 어렵다. 어쩌면 바구니를 들고 가는 사람이 불안이라는 돌부리에 걸려 넘어지면서 계란이 땅바닥에 떨어져 깨지는 상황이 올 수도 있다.

　　내가 모르는 열 개의 바구니보다 확실한 바구니 한두 개면 족하다. 들고 다니기도 쉽고 관리하기도 쉽다. 수시로 문제를 체크할 수도 있다. 내게는 약 50여 개의 바구니가 있다. 독자들은 '자기는 50개나 들고 다니면서 다른 사람에게는 한두 개면 족하다'고 한다면 앞뒤가 맞지 않는다고 할지 모른다. 하지만 나는 전업투자가다. 나 말고도 직원들이 있다. 그리고 자산의 규모가 크다. 내가 분산투자를 하려고 해서 이렇게 된 것이 아니라 자산의 규모가 커지면서 자연스럽게 바구니가 늘어나게 된 것이다. 과거에는 나도 많은 종목에 투자하지 않았다.

내가 봤을 때 1억 원 정도의 자금이라면 두세 개, 2,000~3,000 만 원 정도라면 한두 개가 적당하다고 본다. 그래야 수익률이 분산되지 않고 집중력을 가질 수 있다. 농심투자, 소통, 동행, 대리경영 등 지금까지의 내 주장에 동의한다면 쉽게 납득이 되리라 생각한다. 자기 일을 가지고 있으면서 많은 기업과 소통을 하기란 사실상 불가능하다. 결국 두 가지 다 제대로 되지 않는 결과를 초래한다. 바구니를 들고 가다가 자빠지는 것이다.

그렇게 한두 개 종목에 투자를 하면서 예비로 서너 개 기업을 공부하고 있어야 한다. 동행을 하다 보면 예전에는 미처 보지 못했던 문제들을 발견할 수도 있다. 그때 다시 또 다른 기업을 공부하려고 하면 시간이 소모된다. 미리 미리 준비가 되어 있어야 기회를 잡을 수 있다.

남의 떡이 커 보인다고, 공부를 하다 보면 잘만 옮겨 타면 단기간에 많은 수익을 낼 수 있을 것 같은 유혹이 생긴다. 산에 있는 토끼를 모조리 잡으려다가는 한 마리 토끼도 잡지 못하는 우를 범할 수 있다. 절제의 덕목으로 '메뚜기 투자자'가 되려는 마음을 다잡아야 한다.

투자를 통해 어느 정도 수익을 냈을 때는 자산운용의 묘를 살릴 필요가 있다. 한때는 돈을 벌었다가 어느 순간에 또 까먹는 사람들을 자주 보게 된다. 일정한 수익을 냈다면 그 부분은 3~4% 정도의 배당수익률이 보장되는 안정적인 기업에 투자를 하라. 그리고 원금으로 조금 공격적인 투자를 할 수 있다. 그렇게 계단 모양으로 자산을 불려나갈 수 있게끔 자산운용 계획을 짜는 것이 좋다. 우상향의 그래프를 그리려고 하다가 우하향 그래프를 그리는 경우들이 많다. 억만금의 돈도 하루아침에 잃어버릴 수 있지만 그 돈을 다시 모으는 데는 많은 시간이 걸린다.

띄엄띄엄 아는 열 사람보다 나를 알아주는, 그리고 내가 아는 친구 한 명이 낫다. 잘 모르는 기업 열 개보다 확실하게 아는 기업 하나가 더 낫다. 위험을 상쇄시키겠다고 막연하게 분산투자를 하는 것은 굉장히 수동적인 투자 방식이다. 우리는 기업의 주인이며 따라서 적극적이어야 한다.

'안전하겠지'라는 생각으로 투자해도 확실하게 그 안전이 보장되지 않는 것이 주식시장이다. 분산을 하더라도 내가 충분히 관심을 가지고 충분히 집중하며 소통할 수 있는 범위 이내여야 한다.

투자원칙 8
노블레스 오블리주를 실천하라

두 아이를 키우고 있던 16세의 영국 소녀가 로또에 당첨되었다. 불과 6개월 뒤 그녀는 빈털터리 청소부가 되었다. 우리 돈으로 하루에 1억 원가량을 파티 등을 열며 흥청망청 써댔다고 한다. 그 사이 그녀는 자살을 시도하기도 했다.

몇 년 후 같은 나라에 살던 48세의 싱글맘이 로또에 당첨되었다. 그녀는 당첨되자마자 평소 관심을 갖고 있었던 에티오피아의 굶주린 아이들을 돕기 위해 직접 에티오피아로 날아갔다. 그리고 구호센터 등에 돈을 기부하고 있다. 그녀는 "로또가 내 인생을 바꿔놓았다. 이제는 다른 사람들의 삶을 바꾸는 데 도움을 주고 싶다"라고 말했다.

주식 이야기를 하다가 뜬금없이 로또 당첨자들의 사연을 꺼낸 것은 평정심에 대해 말하고 싶어서다. 주식투자는 사업을 하는 것이고 사업에서 경영자는 평정심을 유지해야 한다. 지나치게 불안해하거나 과도한 자신감에 사로잡힌 경영자는 사업을 성공적으로 이끌 수 없다.

두 명의 당첨자 중 한 사람은 거액을 손에 쥐게 되자 곧바로 평정심을 잃어버렸다. 반면 자신의 돈으로 다른 사람을 돕고 있는 사람은 아직도 부를 유지하며 평화로운 삶을 살고 있다. 한 사람은 당첨의 행운이 오로지 자기 것이라고 생각했고 또 한 사람은 행운을 나누어야 한다고 생각했다. 이 생각의 차이가 그들의 인생을 바꾼 것이다.

사람은 탐욕에 약하다. 간혹 수억 원의 돈 앞에서도 담대한 사람이 있지만 정말 특별한 경우라고 생각한다. 대부분의 사람들은 돈 앞에서 평정심을 유지하는 데 어려움을 겪는다. 나도 예외는 아니다.

일단 돈에 눈이 멀면 눈에 보이는 것이 없다. 인생의 목표는 행복이며 돈은 그 수단들 중 하나라는 사실을 쉽게 잊어버린다. 주식으로 큰돈을 번 다음에 평정심과 분별력을 잃어버리는 사람들이 많다.

그래서 나는 항상 사회적 책임, 노블레스 오블리주를 강조한다. 강조를 하는 첫 번째 대상은 바로 나 자신이다. 힘들게 사업을 하지 않아도 '약간의 수수료와 거래세만 내면' 기업의 주인이 될 수 있고 그 성과를 나눌 수 있는 우리 사회의 시스템에 감사하고 있다. 이런 시스템이 없었다면 오늘날 내가 누리는 경제적 풍요는 불가능했다. 내가 행하는 가장 기본적인 사회적 책임은 지속적인 투자다.

경제가 어렵든 좋든 간에 돈이 필요한 기업에 자금을 대주고 거기서 나오는 수익을 공유하려고 한다. 내가 투자한 자본이 기업을 성장시키는 데 도움이 되고 그러면 일자리는 자연스럽게 늘어난다. 이런 선순환이 지속되어야 경제도 살아난다.

우리는 기업에서 일을 하고 또 기업에서 만든 물건으로 생활한다. 그렇게 보면 기업은 우리 삶의 터전이라고 해도 무리가 없을 것이다. 이러한 기업에 투자하는 것이 나의 의무라는 생각으로 주식투자를 하고 있다. 나에게 주식투자는 수익을 내는 동시에 기업을 돕는 활동인 셈이다.

'극단 서울'은 처음으로 기업이 아닌 곳에 하는 투자였다. 학생들로 구성된 영어 뮤지컬 극단으로 〈홍길동〉, 〈심청전〉에서부터 〈한여름 밤의 꿈〉까지 다양한 작품을 공연했고 매년 두 편의 창작

뮤지컬도 발표하고 있다. 한국의 대표적인 러브스토리인 〈춘향전〉을 가지고 영국 에딘버러축제, 인도 세계아동문화축제, 캐나다의 프린지축제 등에 한국 대표로 나가기도 했다. 우리의 문화를 세계로 전도하는 메신저 같은 극단이다. 물론 아직까지 수익이 나지는 않는다. 겨우 마이너스를 면하고 있는 정도다. 냉정하게 돈만 생각하면 투자를 하지 않는 것이 맞다. 그러나 앞으로 문화가 점점 더 중요해질 것이라는 점을 감안하면 꼭 필요한 극단이라고 생각한다. 극단이 수익을 내지 못하더라도 저변을 확대한다는 면에서는 충분히 의미가 있다.

비슷한 의미로 '밀레21'이라는 문화유통업을 하는 기업에도 투자를 했다. 대학의 축제 등을 주관하고 지원해주는 기업인데 공연상품을 기획한다는 점에서 의미를 높게 평가했다.

인간은 혼자서 사는 존재가 아니다. 우리는 서로 연결되어 있다. 쉽게 말해 요리사들 덕분에 내가 상상하지도 못한 좋은 음식을 먹을 수 있고 과학자와 발명가들이 있어서 언제든 전화기를 들면 멀리 있는 사람들의 목소리를 들을 수 있다. 때로 많지는 않지만 여기저기 기부하는 것도 우리가 하나의 공동체라는 것을 믿기 때문이다.

집을 짓기 전에는 항상 터를 다져야 한다. 높은 건물일수록 땅을 깊이 파고 지반을 단단하게 다져야 한다. 우리가 땅 밑에 살지는 않지만 땅이 단단하지 않으면 집을 높게 지을 수 없다.

사회적 책임을 다하는 행동은 그 자체로 내게 이익을 주지 않는다. 하지만 주식 농사라는 집을 크고 높게 지으려면 사회적 책임, 노블레스 오블리주라는 지반을 단단하게 다져야 한다. 그래야 흔들리지 않는 집을 지을 수 있다. 돈만 보고 주식투자를 하게 되면 마치 모래 위에 집을 짓는 것처럼 위태하다.

계속 기울어지다가 결국에는 쓰러지고 말 것이다. 수완이 좋아 계속해서 수익을 낸다 하더라도 그 인생을 성공한 인생, 행복한 인생이라고 말하기는 어려울 것 같다. 우리는 이미 위에서 정답을 보았다.

"주식투자가 내 인생을 풍요롭게 바꿔놓았다. 이제는 다른 사람들의 삶을 바꾸는 데 도움을 주고 싶다."

6장

될성부른 주식은
떡잎부터 알아본다

경쟁력 있는 1등 기업에 투자하라

앞에서 우리는 기업의 가치를 평가하는 몇 가지 지표에 대한 이야기를 했다. 주당수익률, 배당률, 주당순자산가치 등과 함께 경영자의 능력, 기업문화, 독자적인 비즈니스 모델 등도 언급했다. 이런 지표들을 기준으로 삼아 기업들을 가려내보면 대부분 업계 1위의 기업이 남는다.

1위는 여러 가지 면에서 유리하다. 시장점유율도 높고 자산이 많으니까 투자 여력도 많다. 이런 요소들은 선순환 구조를 만들어내고 따라서 앞으로도 1등을 유지할 가능성이 높은 것이다. 또 위기에 강하다는 장점도 있다. 튼튼하기 때문에 위기를 이기기 쉽고 그럴 때 허약한 기업들이 쓰러지면 위기 이후 시장지배력은 더욱 강해진다.

인터넷과 SNS의 일상화는 승자독식 현상을 가속화시키고 있다. 과거에는 좋은 물건이 있어도 아는 사람에게나 전달할 수 있었다. 지금은 불특정 다수에게 전달할 수 있을 뿐 아니라 연대도 가능하다. 연예인에게나 있던 팬덤 현상이 상품 혹은 기업을 향해서도 발생하는 것이다. 소비자들의 자발적 연대를 기업이 잘 받아들이면 상품기획과 마케팅이 동시에 해결된다. 팬덤 현상을 잘 이용하는 1위 기업은 2위와의 격차를 벌리는 것을 넘어 압도적 1위가 되어버린다. 그럴수록 1, 2위가 전복되기는 어려워진다.

그래서 나는 주식투자를 하는 사람들에게 '1등 기업에 투자하라고 권한다. 나도 예전에는 2, 3위 기업에 투자한 적이 있으나 지금은 거의 업계 1, 2위 기업으로 포트폴리오를 구성하고 있다.

아모레퍼시픽은 1위 기업의 위력을 잘 보여주는 예다. 1990년대까지만 하더라도 국내 화장품 업계는 아모레퍼시픽, 한국화장품, 코리아나화장품 등이 나름 고유 영역을 지켜가면서 경쟁력을 유지하고 있었다. 물론 1위는 아모레퍼시픽이었고 2, 3위 기업과는 어느 정도 격차가 있었지만 말이다. 그러나 위기가 닥쳐오자 1위 기업의 진면목이 확연히 드러나기 시작했다.

외환위기가 닥쳐오자 은행들은 대출금을 회수하기 시작했다. 재무구조가 좋았던 아모레퍼시픽에게는 대출금 회수가 별다른 위협이 아니었지만 다른 회사들은 달랐다. 당장 자금 압박에 시달리면서 고전을 면치 못했다. 회사에 자금이 부족하면 연구개발, 영업망 확충, 고객 서비스 등 어느 것 하나 원활하게 돌아가지 못한다. 경쟁기업의 악재가 아모레퍼시픽에 유리하게 작용하면서 시장점유율은 점점 더 높아졌다.

아모레퍼시픽은 이 기회를 놓치지 않고 연구개발에 박차를 가했다. 2000년대 초 디지털 방송 시대의 개막에 맞춰 고화질에 대비한 화장품 제조와 마케팅을 본격적으로 개시했다. 연예인들은 고화질 방송이 되면서 아날로그 방송일 때는 걱정하지 않았던 작은 잡티, 주름 등에도 신경을 써야 했고 그 필요를 간파했던 것이다. 연예인들이 입는 옷이나 장신구 등이 금방 유행을 타는 것처럼 연예인들이 쓰는 화장품도 곧 많은 여성들이 사용하게 되리라고 예측했던 것이다.

예측은 들어맞았다. 여기에 한류 열풍이 불면서 한국 여성들이 그랬던 것처럼 중국 여성들도 아모레퍼시픽 제품을 찾게 되었다. 아모레퍼시픽의 주가는 2013년 말부터 폭발적으로 상승하면서 약 2년 만에 5배 이상 올랐다. 그런데 뜻밖의 문제가 발생했다. 사드배

치 문제로 중국과의 관계가 악화되면서 몇 년 동안 어려움을 겪었던 것이다. 최근 한한령이 완화되고 있다는 점을 감안하면 주목할 만한 기업이다.

한국경제TV 역시 1위 기업의 위력을 잘 보여주는 예다. 지상파를 포함한 시청률에서 20위권을 유지하는 채널로 증권경제 방송 분야를 선도하고 있다. 이러한 경쟁우위를 활용해 PC와 모바일 기반의 온라인 환경에서도 플랫폼 사업자로서의 자리를 선점할 수 있었다. 한국경제TV가 서비스하고 있는 플랫폼 와우넷은 회원 수 93만 명으로 최근 동학개미운동이라는 붐을 타고 성장세가 가속화되고 있다. 1등 사업자로서의 지위와 변화에 대한 준비가 더 큰 성장을 만들어내는 것이다.

업계 1등이라고 해서 무조건 좋은 투자처인 것은 아니다. 해당 기업의 업종이 주류인지 비주류인지도 중요한 기준이 된다. 특히 업종 자체가 사양 추세에 있다면 1위는 별다른 의미를 가지지 못한다.

나는 2004년 두 개의 기업을 주목하고 있었다. 하나는 농기계 1등 기업인 대동공업이었고 또 하나는 국내 최대 조선회사인 현대중공업이었다. 두 회사 모두 오래된 업력을 가지고 있었고 탄탄하게 운영되고 있었다. 오랜 고민 끝에 나는 대동공업을 선택했다. 물론 충분한 공부와 탐방을 끝낸 다음이다.

당시의 복잡한 상황 때문에 무산되기는 했지만 1962년에 자동차 사업 진출을 시도할 만큼 기술력이 있었다. 그리고 농기계 사업이니 시골 출신인 내가 이해하기에도 수월했다. 반면 현대중공업은 국내 1등인 건 맞지만 세계 조선사와의 경쟁 관계, 조선 수주의 불안정성, 환율 등 경영환경의 변동요인이 매우 복잡했다.

내가 현대중공업의 미래에 대해 내린 결론은 '잘 모르겠다'였다. 아는 기업에 투자를 해야 불안하지 않고 불안하지 않아야 오래 기다릴 수 있다는 내 투자 철학을 충족시키지 못했다. 그래서 현대중공업이 아닌 대동공업에 투자를 했던 것이다.

그러나 내 판단은 최선의 선택은 아니었다. 오랫동안 기다리고 제안도 했지만 내가 기대한 변화는 나타나지 않았다. 수익은 났지만 기대만큼은 아니었다. 지금은 소액만 남겨두고 있다. 만약 현대중공업에 투자했다면 고생도 덜하고 투자수익률도 훨씬 높았을 것이다. 그렇다고 완전히 실패한 투자였다는 의미는 아니다. 농업과 농기계에 대해서 많은 지식을 얻었고 동행과 소통의 투자 철학을 공고히 할 수 있었다. 그리고 인생을 배운 투자였다.

여기서 말하고 싶은 것은 업계 1위라 하더라도 어떤 업종이냐에 따라 결과가 달라진다는 점이다. 해당 업종이 현재 성장기인지

쇠퇴기인지, 아니면 한창 활짝 핀 꽃인지에 대한 고려도 필요하다는 것이다. 해당 업종에서 1위를 차지하고 있다는 것은 그 회사가 만드는 제품에 소비자가 몰린다는 뜻이다. 소비자가 몰리게 하려면 제품이 좋아야 하고 서비스도 잘해야 한다.

여기서 우리가 주목해야 할 것은 '업계 1위'라는 현상 자체가 아니라 그 기업을 업계 1위로 만든 요소들이다. 업계 1위 기업은 하위 기업들에 비해 기술력이 높고 시스템도 잘 갖춰져 있다. 1위라서 기술력과 시스템이 좋은 것이 아니라 기업의 열정과 창의, 변화에 대한 대응 등이 기술력과 시스템을 좋게 만들었고 그 결과 1등이 된 것이다.

이런 요소들이 중요한 이유는 '무늬만 1등'인 기업을 가려내야 하기 때문이다. 현재 1등인 기업이 계속해서 이 자리를 유지하려면 자사 제품의 수요를 유지, 증대시켜야 한다. 그런데 지금은 1등을 하고 있지만 연구개발을 소홀히 한다든가 영업망 확충에 전력을 다하지 않는다면 머지않은 미래에 문제가 생길 것이 뻔하다.

업계 1위 기업을 찾아내는 일은 쉽다. 중요한 것은 그 기업을 1등으로 만든 요소들이 지금도 제대로 굴러가고 있느냐를 파악하는 것이다. 방법은 공부밖에 없다. 그것은 벼락치기가 아니라 평소에 꾸준하게 공부하면서 데이터와 지식을 축적해야 한다.

한 달에 한 개 기업을 심도 있게 공부한다면 5년이면 60개 기업에 대한 지식과 데이터가 축적된다. 그 정도면 우리나라의 웬만한 기업은 전부 알게 되는 셈이다. 하나의 기업을 제대로 공부하자면 해당 업종의 전망과 경쟁사까지 알아야 한다. 그러다 보면 전 상장사를 공부하는 것과 마찬가지가 될 것이다. 그렇게 쌓아간 지식과 데이터가 곧 돈이다. 5년 정도만 자기 페이스대로 공부하면 전 상장사의 현황과 특징을 알게 되고 지금은 2위지만 곧 1위로 도약할 기업들도 알게 될 것이다. 이것이 진정한 주식투자의 경쟁력이다.

처음 시작하는 사람들은 일단 1등이나 상위그룹 위주로 보라. 그렇게 동행을 하다 보면 왜 1등인지 알게 된다. 물론 업계 1등이라고 다 좋은 것은 아니다. 수익에 비해 배당이 낮다든가 회사의 경영이 지나치게 오너의 이익 위주로 돌아가는 기업이라면 1등이라고 해도 투자를 해서는 안 된다. 이런 기업들은 지표들에 비해 주가가 저평가되어 있기 때문에 혹하기 쉬운데 조심해야 한다.

주식투자를 시작하는 분들의 경우, 우선은 좀 편하게 투자를 하라고 권하고 싶다. 처음에는 로우리스크, 로우리턴으로 시작을 해서 주식시장을 충분히 배우는 것이 좋다. 1등 기업과 동행을 하면서 정보를 보는 안목, 사람을 보는 안목을 기르는 것이 먼저다. 지금

투자를 시작하는 독자들에게 필요한 것은 공부와 소통의 기술을 익히는 것이다. '하이리스크, 하이리턴'은 천천히 해도 된다.

좋은 사업 모델을 가진
기업에 투자하라

주가의 상승은 기업가치의 상승 결과다. 그 외 여러 가지 외부 요인들에 의한 오르내림은 있지만 결국에는 제 가치를 찾아간다. 단순하게 보면 미래 가치에서 현재 가치를 빼면 주가 상승 여력이 나온다는 것이다. 주가라는 것이 이처럼 단순하게 결정되지는 않지만 이것이 핵심이자 기본이다.

그렇다면 기업의 가치가 상승한다는 것은 무슨 뜻일까. 어렵게 생각할 필요 없다. 소유한 부동산의 값이 오를 때도 있지만 기본적으로는 '장사를 잘했기' 때문이다. 기업은 장사를 해서 먹고사는 조직이고 장사를 잘해야 가치가 올라가고 주가도 올라간다. 너무 당연한 이야기라서 굳이 길게 할 필요가 있을까 싶다.

문제는 어떻게 장사를 잘할 기업을 찾아내느냐는 것이다. 이 역시 기본 원리는 단순하다. 우선은 사람들이 많이 사용하고 있고 앞으로도 많이 사용할 물건을 파는 것이 좋다. 이왕이면 이문이 많이 남아야 하고 그러기 위해서는 경쟁자들보다 품질이 좋은 물건을 만들어야 한다. 종합하면 사람들이 많이 찾는 물건을 해당 기업만이 만들 수 있는 것이 제일 좋은 사업 모델이다. 우선은 이 단순한 원리부터 확실하게 이해해야 한다. 단순한 것이 지반을 단단하게 받쳐주어야 복잡한 것들을 올릴 수 있는 법이다.

먼저 내가 2006년 9월에 사서 2007년 말에 매도한 삼광유리를 예로 들어보자. 삼광유리는 유리병과 맥주 캔을 만드는 업체였다. 유리병과 맥주 캔을 만드는 데는 독자적이고 특출한 기술이 필요하지는 않다. 또 직접 소비자들을 상대하는 게 아니고 납품을 하는 업체다. 이 기업에서 성장성을 발견하기는 어렵다. 2000~2005년까지 삼광유리의 매출액과 순이익은 각각 1,500억 원과 50억 원 내외로 거의 변화가 없었다. 성장이 정체되어 있는 기업이었던 것이다. 주가 역시 1998년부터 2004년까지 5,000원 전후에서 맴돌고 있었다.

이때까지는 사업 모델이 좋지 않았다. 그런데 변화가 찾아왔고 삼광유리는 변화에 대한 준비가 되어 있었다.

2005년 무렵, 1인당 GDP 2만 달러가 예상되는 가운데, 웰빙에 대한 관심이 급속도로 높아지기 시작했다. 사람들은 저렴한 제품보다는 가격이 좀 있더라도 건강에 해가 되지 않는 제품을 찾았다. 때마침 플라스틱 용기에 대한 환경호르몬 문제가 이슈로 떠오르면서 유리 용기에 대한 관심이 급격히 높아졌다.

삼광유리는 적절한 시기에 '글라스락'이라는 제품을 선보였고 이른바 대박제품이 되었다. 글라스락은 국내를 넘어 미국, 캐나다 등지에서도 폭발적인 인기를 누렸다. 삼광유리의 매출은 2005년 1,542억 원이던 것이 이듬해에는 1,781억 원을 기록, 창사 이래 처음으로 1,700억 원대의 매출을 달성했다. 주가의 상승은 당연한 것이었다. 내내 5,000원대에 있던 주가가 2005년 11월에 1만 원을 돌파했다.

그때까지 관심을 두고 있었을 뿐 매수는 하지 않고 있었다. 나는 매수를 서두르지 않고 먼저 공부를 시작했다. 그랬더니 꽤나 탄탄한 기업이었다. OCI그룹의 계열회사로 재무구조가 매우 안정적이었다. 또 이테크건설, 오텍, 군장에너지 등의 우량 자회사와 하이트맥주 등 짱짱한 유가증권도 보유하고 있었다. 거기다 부동산 가치가 있는 인천공장 부지도 긍정적 평가의 이유가 되었다. 수익성 면에서나 보유 자산 면에서나 매우 저평가되어 있는 회사로 판단이 되었다.

내가 매수를 시작한 2006년 9월 즈음의 단가는 1만 5,000원이었다. 단기간에 거의 세 배까지 올랐지만 나는 추가 상승 가능성이 충분하다고 보았다. 웰빙은 단기적인 열풍이 아니라 패러다임의 변화였다. 이미 시장에서 선전하고 있고 재무구조 등도 탄탄하다면 얼마든지 더 성장하리라고 생각했다. 매수를 한 지 1여 년 후 4만 5,000원 대에서 전량 매도했다. 이후에도 삼광유리는 지속적인 성장을 거듭해 2009년에는 매출액이 2,425억 원까지 확대되었으며, 영업이익도 2005년 65억 원에서 2009년 270억 원으로 4.2배가 커졌다.

삼광유리가 '장사를 잘 할 수 있었던 이유'는 쇠락하는 시장 혹은 경쟁자들이 들끓는 시장이 아니라 새로운 시장을 창출해냈기 때문이다. 새로운 시장을 창출할 때는 타이밍이 결정적인 요인으로 작용할 때가 많다. 지금 전 세계를 휩쓸고 있는 아이폰은 삼성전자나 LG전자가 과거에 개발한 제품이었지만 그때는 시기상조였다. 이를 스티브 잡스가 보완, 발전시키고 아울러 절묘하게 시기를 타 애물단지였던 물건이 최고의 상품이 되었다.

시장이 크고 경쟁자도 적으면 더할 나위 없이 좋다. 이 금상첨화의 사업 모델을 가진 기업이 종합 자동차 부품 분야에서 국내 1등인 현대모비스다. 현대그룹의 성형사출업체였던 현대정공이 외환위기 이후 현대차그룹으로 소속이 바뀌면서 현대모비스로 사명을 바꿨다.

현대차그룹은 기아차를 인수하면서 자동차의 모든 부품을 한 곳에서 생산할 필요가 있었다. 또 자동차의 전자화에 따라 대규모 투자와 효율적인 생산시스템도 필요했다. 이 역할을 맡은 곳이 현대모비스였다. 현대차그룹의 자원을 집중한 결과 2000년 대비 2019년 말 기준 총자산은 46조 원으로 18배, 매출액은 38조 원으로 20배, 영업이익은 2조 3,000억 원으로 약 11배가 각각 증가했다. 이제 국내에서는 현대모비스와 경쟁할 자동차부품 기업은 없다 해도 과언이 아니다.

소비자들과 직접적으로 만나지 않더라도 핵심적인 기술을 갖고 있으면 장사를 잘할 가능성이 높다. 그런 업체들 중 LG화학은 개인적으로 참 아쉬움이 많은 기업이다. 내가 LG화학에 관심을 가진 시기는 10여 년 전이다. 당시에도 2차전지에 대한 독보적인 기술력을 인정받고 있었다. 투자를 하고 싶었는데 여력이 없었다. 늘 거의 전 재산을 투자하고 있으니 자금을 마련하려면 다른 기업에 대한 투자를 철회해야 했다. 솔직히 말하면 그렇게 할 만큼의 확신이 없었던 것 같다. 2016년에도 전기차 시대가 도래한다는 의견을 들었고, 동의도 되었지만 그때는 자금을 융통할 여력이 없었다. 뻔히 성장할 줄 알면서 투자를 하지 못했다.

LG화학은 전기차의 선두 주자인 테슬라에 납품을 하고 있고 GM과 공동으로 미국에 배터리 공장을 짓기로 했다. 2020년에 파나소닉을 제치고 글로벌 전기차 배터리 시장점유율 1위를 차지했다. 10여 년 전 5만 원대에서 거래되던 주가는 2021년 2월 100만 원을 넘기기도 했다. 지구온난화 이슈는 사라지지 않을 것이다. 석유를 먹고 달리는 차는 결국 사라질 것이다. 성장 여력은 어마어마하게 남아 있다고 봐야 한다.

때로는 왠지 한물 간 것 같은 사업이 의외로 알짜일 때가 있다. 세밀하게 공부하지 않으면 선입견에 따라 판단하기 쉽다. 국보디자인은 인테리어 업체다. 모르고 보면 사양산업인 것 같다. 예전처럼 자고 일어나면 건물이 올라가던 때도 아니다. 이미 저성장 시기에 진입한 마당에 일거리가 얼마나 있을까 생각할 수 있지만 인테리어 사업은 경기가 좋지 않을 때 오히려 사업이 잘 되는 특성이 있다. 건물이나 점포의 주인이 자주 바뀌니까 인테리어 수요가 증가하는 것이다. 낡은 건물에 대한 리모델링 수요도 늘어나고 있다.

2015년 처음 투자하기 시작해 꾸준히 소통하면서 지켜본 결과 업계 1위 사업자로서 굉장한 경쟁력이 있다는 것을 알게 되었다. 알면 알수록 매력적인 기업이라 점점 지분이 늘어나서 2019년에 5% 지분 공시를 했고 현재는 9.74%를 보유하고 있다. 2012년 업계 1위로 올라선 후 한 번도 자리를 내주지 않았고 매년 수주잔고가 증가하고 있다. 이를 기반으로 해외에도 진출했으니 미래가 더 기대되는 기업이다.

좋은 사업 모델을 가진 기업 찾기는 일부 기술에 대한 이해가 필요할 경우도 있으나 일상생활에서도 얼마든지 찾을 수 있다. 삼광유리의 글라스락이 히트를 친 것은 웰빙 열풍 때문이다. 우리 중 웰빙 열풍을 몰랐던 사람은 아무도 없다. 다만 그것을 주식투자와 연결 짓지 못했을 뿐이다. LG화학의 장사가 잘 될 거라는 것도 시기의 문제일 뿐 '공공연한 비밀'이었다. 모두가 지구온난화가 심각하다는 사실을 알고 있었다.

좋은 사업 모델을 가진 기업에 대한 힌트는 일상생활에서도 얼마든지 찾을 수 있다. '단순한 원리'로 무장을 하고 우리 주변을 둘러보면 좋은 사업 모델이 보인다. 그 사업을 하고 있는 기업들 중 1위 기업을 찾아 깊이 공부하면 기막힌 투자 기회를 발견하게 될 것이다.

건강한 재무구조와
좋은 지배구조를 가진 기업에 투자하라

2010년 7월, 33년 역사를 가진 토종 패션의류업체인 톰보이가 최종 부도처리 되었다. 톰보이는 부도 직전까지 BW(신주인수권부사채) 발행 4회, 유상증자 2회 등 총 6회의 자금조달을 시도했다. 그러나 그때마다 자금조달은 원활하지 않았다. 결국 어음 16억여 원을 막지 못해 부도가 났다. 부도 전의 재무구조를 보면 금년 1분기 기준으로 부채비율 348%, 유보율 14%였다.

주식투자에서 가장 최악의 상황은 투자한 기업이 부도가 나는 경우다. 소중한 자산이 하루아침에 휴지조각으로 변해버리는 것이다. 부도라는 최악의 상황까지는 아니더라도 그에 버금가는 상장폐지라는 것도 있다. 2018년에는 61개사, 2019년에는 38개사, 2020년 8월까지 45개사가 상장폐지되었다. 부도나 상장폐지가 하루아침에 되지는 않는다. 이런 기업들은 몇 가지 징후를 보인다. 톰보이처럼 자주 자금조달을 하고 최대주주가 자주 바뀐다. 그리고 기업정보를 성실하게 공시하지 않는 불성실공시법인으로 지정되기도 한다.

상장폐지가 되는 기업들은 모두 무능력한 CEO가 기업을 경영했고 재무구조 역시 부실했다. 따라서 투자할 기업을 결정하기 전에 가장 먼저 해야 할 일은 해당 기업의 재무구조를 자세하게 파악하는 것이다.

건강한 재무구조가 중요한 것은 단순히 부도나 상장폐지를 피하기 위해서만은 아니다. 통장에 돈이 두둑하게 들어 있으면 누구나 자신감과 여유가 생긴다. 멀리 앞을 내다보며 미래를 구상할 수 있다. 그러나 돈이 없으면 아무래도 위축되기 쉽고 왠지 조바심이 난다. 모든 일에 의욕이 없고 눈앞의 이익이나 이해에만 몰두하게 된다.

기업도 마찬가지다. 재무구조가 튼튼해야 연구개발도 할 수 있고 질 좋은 서비스도 제공할 수 있다. 연구개발을 통해 좋은 제품을 만들고 고객 입장을 배려할 수 있는 여유가 있으므로 더 많은 고객을 끌어올 수 있다. 하지만 기업에 돈이 없으면 필요한 일에도 돈을 쓰지 못한다. 몇 년 투자하면 막대한 부가가치가 생기는데도 발등의 불을 끄느라 미래를 준비하지 못한다. 결국 악순환이 거듭되는 것이다.

아직 주식투자를 시작하지 않은 독자들은 '자기 돈을 넣으면서 그 기업의 자산이 얼마인지, 빚이 얼마인지 알아보지도 않는 사람들이 있을까' 하고 의구심을 가질 것이다. 물론 대부분의 투자자들은 그 정도는 알아본다. 문제는 '그 정도만' 파악하는 데서 그친다는 것이다. 업종별로 차이는 있지만 일반적으로 부채비율이 100%까지는 우량한 기업으로 평가한다.

여기서 부채비율이 점점 더 많아질수록 위험수위도 높아진다고 보면 된다. 또 하나가 그 기업이 영업을 통해서 번 돈과 유상증자 등을 통한 잉여금이 얼마나 쌓여 있는가를 나타내는 유보율이 있다. 부채비율과 유보율이 재무구조를 파악할 때 가장 기본이 되는 지표들이다. 그런데 이것만이 전부는 아니다.

예를 들어 자기자본이 50억 원인 어떤 기업의 부채가 200억 원이라고 하자. 부채비율이 400%니까 재무구조가 심각하게 부실하다고 단정할 수 있는가. 만약 200억 원이라는 돈이 차입금으로 구성되어 있고 매월 이자를 내야 한다면 부실한 기업이 맞다. 그런데 부채는 차입금만으로 구성되지 않는다.

우리가 일상생활에서 이야기하는 '외상'이 있을 수 있다. 현재 해당 기업에서 만든 제품이 날개 돋친 듯 팔리고 있다면 당연히 충분한 재고를 유지해야 한다. 이를 위해 부품업체에서 대량의 부품을 외상으로 매입했다면 굉장히 긍정적인 신호라고 할 수 있다. 단기적으로는 부채지만 곧 매출로 변할 것이기 때문이다.

또 하나는 시설투자를 들 수 있다. 시장에서는 물건을 달라고 아우성인데 공장의 생산력이 그에 따라가지 못한다면 돈을 빌려서라도 공장을 지어야 한다. 또는 미래의 성장 동력을 위한 시설투자로 인해 부채비율이 일시적으로 높아질 수도 있다. 이자를 지급해야 하는 부채도, 곧 매출로 변할 부채도 이름은 똑같이 부채다. 내용은 보지도 않고 부채비율만 보고 성급하게 판단해서는 안 된다는 것이다.

또 재무구조가 좋다고 해서 항상 좋은 기업인 것만은 아니다. 모든 제품은 수명이 있다. 따라서 미래에도 안정적인 수익을 내려면 항상 신제품 개발을 위한 투자를 해야 한다. 그런데 복지부동의 자세로 금고에 돈만 쌓아두고 있는 기업도 의외로 많다. 특히 요즘처럼 저금리의 시대에 오로지 자기 돈만으로 사업을 하겠다는 자세를 긍정적인 신호로 해석하기 어렵다. 이런 기업들은 주가 역시 복지부동으로, 시간이 지나도 움직이지 않는다.

해당 기업 자체의 건강성을 나타내는 것이 재무구조라면 지배구조는 그 회사와 직접적으로 연관이 있는 기업들과의 관계 지형도라고 할 수 있다. 기업은 사세를 확장하면서 자회사를 만들게 된다. 내가 투자한 기업의 재무구조는 건강한데 모기업의 재무구조가 부실하다면 굉장히 위험한 신호다.

오래전 오수처리를 전문으로 하는 기업에 투자한 적이 있다. 재무구조는 양호했고 기술이나 자본력도 좋았다. 그런데 모기업에서 문제가 발생했다. 모기업은 IMF 때 180억 원의 자금을 조달했지만 그 자금을 본업에 투자하지 않았다. 업종다변화를 꾀한다며 전문성이 없는 사업들에 손을 댔던 것이다. 결국은 부도 처리가 되어 경영권이 넘어가면서 큰 손실을 입고 말았다.

항상 모기업이 자회사에 피해를 주는 것은 아니다. 자회사들 중에서도 '폭탄'이 있을 수 있다. 따라서 하나의 기업을 평가할 때는 관계사의 건전성에 대해서도 조사를 해야 한다. 기업 단위로 보면 투자할 기업, 투자할 기업의 관계사 그리고 경쟁사를 알아야 하는 것이다.

아직 주식을 잘 모르거나 이 같은 공부를 하지 않고 주식투자를 해온 독자들은 '이렇게 어려워서야 어떻게 주식투자를 하겠느냐'고

볼멘소리를 할지 모른다. 재무구조의 내용, 관계사, 경쟁사까지 조사하고 파악하는 것이 쉬운 일은 아니다. 그래서 여기에 기회가 있다. 세상에 공짜는 없고 쉬운 일에서 돈을 벌기는 어렵다. 누구나 쉽게 할 수 있는 일을 하면서 성공하는 사람은 아무도 없다. 어렵기 때문에 아무나 성공할 수 없고 그래서 공부하는 사람들이 성공할 수 있는 것이다.

열린 경영을 실천하는
기업에 투자하라

기업은 하나의 생명체와 같은 조직이다. 우리 몸의 세포들이 긴밀하게 상호작용을 하는 것처럼 기업의 임직원들도 그와 같은 상호작용을 한다. 건강한 사람이 일을 잘하는 것처럼 건강한 기업이 일을 잘해서 주주들과 나눌 수 있는 성과를 만들어낸다. 어떻게 하면 건강한 기업과 부실한 기업을 구분할 수 있을까.

여러 가지 지표들이 있지만 특히 '열려 있는 기업'이 건강하다고 할 수 있다. 열려 있다는 것은 사실 생물과 무생물을 가르는 기준이기도 하다. 생물은 끊임없이 호흡하고 영양분을 섭취하고 배설을 한다. 그러면서 성장한다. 반면 무생물은 호흡도 섭취도 배설도 하지 않는다. 성장 역시 하지 않는다. 돌멩이를 생각해보라. 돌멩이는 외부적인 힘에 의해 변할 뿐 스스로 자발적인 변화는 절대로 할 수 없다. 주의를 기울이지 않으면 돌멩이 같은 기업의 주식을 살 수도 있는 것이다.

기업은 무엇을 향해 열려 있어야 할까.

첫 번째 대상은 고객이다. 세계적인 기업인 애플이 고객들에게 혼쭐이 난 적이 있다. 애플의 아이폰은 휴대폰의 개념을 혁명적으로 바꾸면서 새로운 수요 창출과 함께 하늘을 찌를 듯한 인기제품으로 부상했다. 그런데 새로 출시한 아이폰4에 결함이 발생했다. 아이폰을 잡는 손의 위치에 따라 수신감도가 저하되는 문제가 있었던 것이다. 소비자들의 항의에 애플은 '당신의 손이 문제'라며 귀를 닫았다.

이 같은 대응은 소비자들을 진정시키기는커녕 더욱 화나게 만들었다. 애플이 귀를 닫고 있었다면 서서히 죽어가는 기업이 되었을 것이다. 소비자들을 비롯해 언론과 분석기관조차 비판에 가세하자 영민한 CEO인 스티브 잡스는 결국 'iphones aren't perfect'라는 주제로 사과를 했다.

그리고 수신문제를 해결하는 범퍼케이스를 무료로 제공하고 그래도 불만이 있으면 전액 환불해주겠다고 말했다. 다행히 비교적 빨리 고집을 버리고 고객의 소리에 귀를 열었지만 '아이폰은 완벽하다'고 강변했던 한때의 오만과 독선은 스티브 잡스의 명성에 흠집을 남겼다.

고객은 기업에게 공기 같은 존재다. 공기를 마시지 못하는 생물이 죽는 것처럼 고객과 호흡하지 못하는 기업은 오래가지 못한다. 미국의 월마트가 승승장구하고 있는 배경에는 고객의 의견을 적극적으로 수용하겠다는 자세가 있다. 월마트에는 '고객은 항상 옳다'라는 규칙이 있다고 한다. '그렇지 않다고 생각되면 1번을 보라'는 것이 두 번째 규칙이다. 항상 고객의 편의를 생각하고 고객의 의견을 적극 경청해야 기업이 성장하고 그 성장의 열매를 주주들이 나누는 것이다.

두 번째 대상은 내부고객, 즉 직원들이다. 건강한 기업에는 '건강한 불만'들이 자유롭게 돌아다닌다. 원래 불만은 부정적인 것이다. 그런데 이것을 테이블 위에 올려놓으면 기업을 혁신할 수 있는 개선안이 될 수 있다. 그래서 지속적으로 성장하는 기업들 중에는 개선안의 질에 관계없이 개선안의 숫자만으로 포상을 하는 곳들도 많다.

건강하지 못한 기업에는 불만들이 테이블 밑으로 돌아다니며 기업의 성장 동력을 갉아먹는다. 불만의 소통 통로를 찾지 못한 직원들은 술자리에서 자기 회사를 비난한다. 해결되지 못한 불만들이 쌓이면 업무 능률은 떨어지고 창의력도 발휘되지 못한다. 생명체에 비유하면 장기 중 일부가 제 역할을 다하지 않는 것이다. 그렇게 되면 얼마 가지 않아 병이 생길 수밖에 없다. 병이 있는 기업은 주주들에게 나눠줄 성과를 만들어내지 못한다.

세 번째 대상은 주주들이다. 주식의 많고 적음을 떠나 모든 주주는 기업의 주인이다. 건강한 기업은 주주들의 제안을 감사하게 받아들이고 배당 등을 통해 주주에 대한 배려를 한다. 그런데 어떤 기업은 주주를 배려하기는커녕 불투명한 상자 속에 꽁꽁 숨는다.

J기업은 내가 알기로 '닫힌 경영'으로는 최고 수준이다. 업력 50년이 넘는 이 회사는 총자산이 3,000억 원에 육박하고 매년 100억 원이 훌쩍 넘는 순이익을 내고 있다. 우량한 재무구조, 업계 1위라는 이점, 신규 설비 투자도 별로 필요 없고 직접 소비제품을 만들어 팔지 않는다는 점 등으로 미뤄볼 때 특별한 시장변동이 없는 한 안정적으로 갈 것으로 전망된다. 그러면 매년 100~150억 원가량의 세후 순이익이 누적되고 회사의 자산가치는 증가하게 될 것이다.

내가 생각하는 J기업의 미래는 풍부한 여유자금을 이용해 투자회사로 가는 것, 그리고 단순히 피혁을 납품하는 것이 아닌 패션 업체로 거듭나는 것이었다. 지분을 꾸준히 늘려 10% 넘게 갖고 있는 것도 이런 비전을 보기 때문이다. 투자회사는 되었는데 패션산업은 아직이다.

그런데 이 회사의 대주주는 주주총회 때 얼굴도 보이지 않는다. 배당도 거의 하지 않는다. 이 정도는 약과다. 주주를 위한답시고 10여 년 전부터 자사주를 매입해왔다. 어떤 때는 자사주를 대주주가 사가기도 했다. 워낙 거래가 없다 보니 주가는 제대로 형성되지도 않고 주주는 마음대로 주식을 팔지도 못할 지경이다.

이 회사는 현재 자사주만 46%를 보유하고 있다. 한마디로 대주주가 기업의 성과를 모두 취하겠다는 것이다. 서술의 편의상 주주를 세 번째에 놓긴 했지만 모두가 똑같이 중요하다. 첫 번째와 두 번째의 열림이 제대로 되지 않으면 기업이 성장하지 못하니까 나눌 과실이 없고, 세 번째가 되지 않으면 투자만 하고 성장의 과실은 먹지 못한다.

열린 경영을 실천하는 기업들을 보면 하나같이 경영자가 열려있는 사람이다. 반면 닫힌 경영을 '실천'하는 기업들은 경영자가 닫힌 사람이다. 그만큼 경영자의 역할이 중요하다. LG의 故구본무 회장은 열린 경영을 실천하는 모범적인 사례가 될 만하다.

구 회장은 1995년 취임한 이래 개방과 진취를 경영이념으로 삼고 LG그룹에 많은 변화를 가져왔다. 구 회장은 탈권위주의의 소탈한 이미지로 잘 알려져 있다. 해외에 갈 때도 단출하게 비서만을 대동하고 서류가방을 들고 출장길에 올랐다고 한다.

구 회장은 '오픈마인드를 가져야 혁신적인 제품을 만들 수 있다'고 강조했다. 이런 마인드를 바탕으로 LG그룹의 지주회사를 성공적으로 이뤄냈고 LG전자, LG디스플레이, LG화학, LG이노텍 등을 주력회사로 육성했다. 숱한 기업의 경영자들이 법정에 불려 다녔지만, LG의 경영자들은 한 번도 그런 일이 없었다.

지금은 융합의 시대이고 융합이 가능하려면 열려 있어야 한다. 우리 몸의 세포들이 삼투압 작용을 통해 끊임없이 서로 소통하듯이 기업도 직원, 고객, 주주 등과 활발한 소통이 이뤄져야 한다. 그래야 건강한 기업이며 투자하기 좋은 기업이다.

이청득심(以聽得心), 귀 기울여 들으면 남의 마음을 얻는다는 뜻이다. 융합의 시대에 경청은 리더의 중요한 덕목이 되고 있다. 대부분의 성공한 기업가들은 항상 눈과 귀를 열어놓고 주변의 이야기를 경청한다. 만약 경영자의 귀에 고객이나 직원, 주주가 내는 불만의 목소리가 들리지 않는다면 기업 경영에 빨간불이 켜졌다고 봐야한다. 또 한편으로 보면, 경영자와 더불어 기업이 열려 있다는 것은 투명하다는 이야기다. 숨겨야 할 것이 없으니까 마음껏 열어둘 수 있는 것이다.

주식투자를 할 때 '열린 기업'이라는 기준은 매우 중요하다. 투명하게 열려 있어야 내가 살 '물건'을 잘 살펴볼 수 있기 때문이다. 불투명한 상자 속에는 무엇이 들어 있는지 알 수 없다. 안에 뭐가 들어 있는지도 모르고 '물건 값'을 치를 수는 없는 일이다.

사회적 책임을
완수하는 기업에 투자하라

기업의 사회적 책임이 점점 강조되고 있다. 기업의 제반 활동이 사회 전반에 지대한 영향을 미치고 또 기업이 이익을 낼 수 있는 것도 사회가 있기 때문에 가능하다. 따라서 기업이 사회의 공공성 등에 일정한 역할을 해야 한다는 생각에 동의한다. 시간이 지날수록 사회적 책임을 다하지 않는 기업은 설 자리를 잃을 가능성이 높다. 같은 값이면 기부 등을 통해 공공의 이익에 부합되는 정책을 펴는 기업의 상품을 사려는 사람들이 늘어날 것이기 때문이다. 지금도 불편과 손해를 감수하고서 부도덕한 기업의 물건을 사지 않는 사람이 많다.

최근에는 사회적 책임의 확장판이라 할 수 있는 ESG 경영이 강조되고 있다. 환경보호(Environment)·사회공헌(Social)·윤리경영(Governance)의 약자로 환경, 윤리를 넘어 사회적 약자에 대한 지원, 양성평등의 직장문화 등 사회공헌 활동을 해야 지속적인 성장을 할 수 있다는 개념이다. 유럽, 미국에서는 기업을 평가하는 중요한 기준이 되고 있으며 국내 기업들도 속속 도입하고 있다.

기업의 사회적 책임이 그다지 강조되지 않았던 시절에 안랩의 안철수 전 의장은 이런 책임을 '적극적'으로 다한 기업가로 손꼽힌다. 의사와 프로그램 개발자 사이에서 갈등하던 그는 '의사는 많지만 개발자는 없다'는 생각으로 개발자의 길을 선택했다. 연구소 설립의 계기부터 공익이었던 셈이다. 1,000만 달러에 팔라는 외국 보안 업체의 제안을 거절했다는 일화는 유명하다. 평생을 편안하게 지낼 수도 있는 돈이다. 그는 '돈 때문에 영혼을 팔 수 없었다'는 말로 거절의 이유를 밝혔다. 매각을 하면 직원들은 해고되고 결국 한국의 백신산업은 씨가 마를 것이라고 보았다. 그는 자신의 주식을 직원들에게 무상으로 나눠주기도 했다.

내가 안랩에 관심을 가지게 된 때는 2009년 7월 7일 이른바 7.7DDOS(서비스 거부 분산 공격) 사이버 테러가 발생했을 때였다. 다행히 큰 피해 없이 마무리되었지만 정부와 금융기관, 기업 등 사회

전반이 커다란 혼란과 공포를 겪었다.

전 세계가 네트워크화되어 있는 상황에서 사이버 테러는 자칫하면 천문학적인 피해를 낳을 수도 있음을 인지하는 계기가 되었다. 정부는 즉각 정부와 민간 부문의 사이버 테러에 대비한 실태를 점검하기 시작했고 특히 행정부 내의 DDOS 장비 부족분을 일부 발주하는 등 발 빠른 행보를 보였다. DDOS 사건이 발생한 날, 안랩의 주가는 2% 내외로 차분하게 움직였다. 그러다가 다음 날 사이버 테러가 새삼 조명을 받으면서 상한가로 직행, 연 3일간 가격제한폭까지 폭등했다. 주식투자에 성공하려면 시장이 흥분할 때나 시장이 가라앉을 때 동요되지 않고 평상심을 유지하는 것이 중요하다.

나는 시장의 추이를 지켜보는 한편 7월 말에 기업을 탐방했다. 탐방의 초점은 연구소가 디도스를 비롯한 각종 사이버 테러에 충분히 대응 가능한 기업인가, 둘째 현재의 사업구조상 저성장세가 불가피한데 새로운 성장을 위한 의지가 있는가 하는 것이었다. 탐방 결과, 2008년부터 디도스 장비 제조사업을 시작해 2009년 초부터 매출이 발생하고 있었고 성장잠재력이 풍부한 원격 보안제어 사업에 진출하기 위한 노력도 하고 있었다.

이 외에도 2009년 당시 영업이익률이 20%에 이르고 부채비율 22%, 유보율 2,400%, 현금보유액 600억 원가량 되었다. 현재의 상태도 좋고 미래 성장 동력도 충분하며 거기다 국내 보안 백신 부문에서 1위인데도 이러한 요소들이 주가에 충분히 반영되어 있지 않다고 판단했다. 나는 시장의 흥분이 가라앉을 때까지 기다렸다가 2009년 9월부터 주식을 매입해 주주가 되었다. 안랩의 사회에 대한 책임 철학과 미래에 대한 확신이 지금도 동행하고 있는 주된 이유이다. 스마트 기기가 많아질수록 보안문제가 더 중요한 만큼 업종의 전망도 밝다.

한 기업의 현재 상태를 파악하는 일은 그렇게 어려운 일이 아니다. 문제는 미래의 상태를 예측하는 것이다. 향후 변화되는 세계에 대한 청사진을 갖고 있지 않은 기업은 당연히 투자 대상에서 제외해야 한다. 청사진을 갖고 있더라도 그것으로 끝은 아니다. 오늘의 계획을 미래에 현실로 만들 수 있는가 없는가를 알기는 쉽지 않다. 그래서 경영자가 중요하다. 올바른 계획을 세우고 합리적인 방법으로 그것을 실현해 나가는 주체는 기업의 사람들이고, 그들 중 가장 중요한 인물이 바로 경영자이기 때문이다. 안랩에 투자할 때 경영자의 마인드에 대해서는 걱정하지 않았다. 그간의 행적으로 볼 때 안철수 전 의장의 마인드는 충분히 검증이 되었다고 보았다.

경영자가 사회적 책임을 다하려는 마인드를 갖고 있다면 기업 내부에도 그런 문화가 정착되었을 거라고 생각했다. 사회적 책임을 다하는 기업에 투자하라고 하는 이유가 여기에 있다. 열 길 물속은 알아도 한 길 사람 속은 모른다고 한다. 그만큼 누군가의 마음을 아는 일은 어렵다. 경영자가 기업의 생사를 결정짓는 만큼 주식투자에서 경영자의 마인드를 아는 일은 무엇보다 중요하다. 생색내기, 보여주기, 울며 겨자 먹기 식이 아니라 진심으로 사회적 책임을 다하는 경영자가 있는 기업이라면 그 기업의 정신은 건강하다고 볼 수 있다.

사회적 책임에 대한 이행으로 경영자의 마인드를 짐작할 수 있다는 것이다. 그런 경영자가 있는 기업이 현재의 계획을 미래의 현실로 만들 수 있다. 그러면 기업의 가치가 상승하고 주가는 당연히 올라갈 수밖에 없다. 사회적 책임 이행 여부는 경영자의 마인드를 알 수 있는 중요한 바로미터인 것이다.

7장

주식투자,
이것만은 알고 하자

절대 빚내서는 하지 말라

주식투자를 했다가 손실을 보는 바람에 곤란을 겪는 가정이 더러 있다. '멀쩡한 내 돈'이 어디론가 사라져버렸다는 것 때문에 마음이 상해 부부싸움이 잦아지기도 한다.

너무 자주 들어서 이제는 식상하기까지 한 잘못된 주식투자의 전형이 있다. 남편이 부인 몰래 주식투자를 한다. 그것도 레버리지를 한껏 사용한다. 이게 잘 풀렸으면 남편은 큰소리 치고 살 뻔했는데, 뜻대로 되지 않는다. 깡통계좌가 되고 빚까지 떠안게 된다.

주식은 투자이고 늘 원금손실의 위험을 안고 있다. 어느 누구도 이 위험에서 완벽하게 벗어나지 못한다. 이 위험을 도저히 감당할 자신이 없으면 예금을 드는 수밖에 없다. 이런 사실을 인정하더라도 원금의 손실은 속을 쓰리게 한다. 더구나 돈을 벌려고 들어갔다가 빚이 생기면 화병이 난다.

사실 레버리지가 위험하다는 걸 모르는 사람은 없다. 주가가 떨어질 때 추가담보를 제공하지 못하면 깡통이 되는 건 순식간이다. 상하한 30%가 되면서 레버리지의 위험성은 더욱 커졌다. 하한가 두 번이면 반토막이다. 그런데도 사람들이 레버리지를 활용하는 것은 무엇 때문일까. 욕심이 가장 근본적인 원인이다.

보유한 자금보다 더 많이 투자해서 더 많은 이익을 내겠다는 것이다. 자본금을 점진적으로 늘려 나간다는 생각을 해야 하는데 한꺼번에 '비약적인 도약'을 하려니까 부작용이 생길 수밖에 없다. 한 계단 한 계단 밟아 올라가도 때로 발을 헛딛는다. 그런데 서너 계단씩 뛰어 오르려고 하니까 넘어지고 깨지는 것이다. 욕심이라는 밭에 '확실하다'는 씨앗이 뿌려지는 재앙의 전주곡이 완성된다.

과도한 레버리지를 이용하는 사람들 중에서 '잘 모르겠지만 일단 지른다'고 말하는 사람은 없다. 모두들 확실하다고 한다. 몇 개월만 기다리면 뭔가 일이 벌어지면서 주가가 껑충 뛸 거라고 말한다. 그 근거가 어디에 있느냐고 물으면 '믿을 만한 사람이 이야기했다'고 말한다. 레버리지를 쓰는 일반투자자들 대부분이 누군가에게 확실한 정보를 들었다고 한다. '내가 조사를 하고 쭉 지켜봤는데, 내가 오랫동안 동행해봤는데'라고 말하는 사람은 보지 못했다.

어떤 사람은 친구가 이야기를 해주었고, 또 어떤 사람은 주식에서 수십억 원을 번 족집게가 찍어준 종목이고, 또 어떤 사람은 증권사 직원이 '강력하게 추천'했다고 한다. 심지어는 호형호제하고 지내던 그 회사의 대표이사에게 들은 정보로 주식을 샀다가 쪽박을 찬 경우도 있다.

레버리지를 이용해 많은 수익을 본 사례를 알고 있는 독자들도 있을 것이다. 주식시장에서 100% 확실한 것이 없듯이 레버리지를 한다고 항상 실패한다는 법칙도 없다. 그러나 레버리지는 얻는 것보다 잃을 것이 더 많은 방법이다.

조울증 환자처럼 주가에 따라 그날의 기분이 좌지우지되는 직장인들도 많다. 빚을 내지 않아도 자기 마음을 쉽게 다스리지 못하는데, 빚까지 있으면 어떻겠는가. 하루 종일 일이 손에 잡히지 않는다. 모니터에 시세 창을 띄워놓고 수시로 확인해야 한다. 그렇게 하지 않으면 불안해서 견딜 수가 없다. 어떤 이유를 대든 본업에 지장을 주는 투자는 금물이다. 자기 일에 충실하면서 기업과 국가의 성장에 동참하고 그 과실을 나누려는 자세가 좋으리라 생각한다.

주식은 기본적으로 장기투자다. 수차례 설명했지만, 기업가치의 상승이 주가 상승이고 그러자면 시간이 필요하다. 사람이 빚이 있으면 마음이 조급해지기 쉽다. 냉정하고 담대하게 대처해야 성공할 수 있는데, 조급한 마음으로는 출렁거리는 시장을 담대하게 바라보며 기다릴 수가 없다. 그래서 오판을 하기 쉽고 결국에는 돈도 잃고 마음도 잃게 된다.

한두 번은 레버리지를 이용한 단기투자로 돈을 벌 수도 있다. 그 다음에는 차분하게 있는 돈으로 하겠다고 생각할지 모르지만 사람 마음이 그렇게 강직하지 않다. 한두 차례 번 것이 요행인 줄 모르고 또 레버리지를 이용하게 된다. 이전에 성공을 했으므로 레버리지 한도는 더 커진다. 그만큼 빚도 늘어나는 것이다. 열 번을 성공해도 단 한 번으로 모든 걸 날려버리는 게 레버리지다.

레버리지가 무조건 나쁘다고 할 생각은 없다. 오랫동안 동행한 기업이고 향후 2, 3년 이내에 가치 상승이 있을 거라고 확신할 수 있다. 그럴 때에도 감당할 수 있는 정도로만 이용해야 한다. 2, 3년 이내에 변화가 있지 않더라도, 이자를 감당하면서 5, 6년은 버틸 수 있고 그럴 의향이 충분하다면 대출을 받을 수도 있을 것이다.

하지만 그렇게 해서 돈을 번 다음에 다시 유혹을 느끼기가 쉽다. 사람은 한번 잘되면 자만심에 사로잡힌다. 자기가 하면 다 될 거라고 생각한다. 그러다가 세상이 만만치 않고 주식투자가 만만치 않음을 돈을 다 잃고 난 다음에야 깨닫곤 한다. 그래서 아예 처음부터 빚내서 하는 투자는 하지 말라고 권하는 것이다. 나 스스로 '레버리지를 이용한 단기투자로 처절한 실패를 경험한 적이 있고 그런 사례를 수없이 봐왔기 때문에 하는 말이다.

주식은 여유자금으로 해야 한다. 그래야 마음 편한 장기투자를 할 수 있다. 주가가 상승하면 대박이고, 하락하면 쪽박인 상황은 살얼음판 위를 걷는 것과 같다. 그런 상태에서 어떻게 본업에 충실할 수 있으며 하루하루 인생을 제대로 꾸려나갈 수 있겠는가. 빚을 내서 주식투자를 하는 건 패가망신하는 지름길이다.

좋은 기업의 주가는 시간이 가면 반드시 상승한다. 우리가 믿을 것은 기업과 그 기업의 구성원들이 흘리는 땀밖에 없다. 거기에 시간이라는 요소가 합쳐지면서 기업은 성장한다. 지혜로운 농부는 어서 빨리 꽃이 피고 어서 빨리 열매가 영글어야 한다고 조바심 내지 않는다. 지혜로운 농부는 꽃이 피고 열매가 맺히는 데는 시간이 필요하다는 걸 알고 있다. 그리고 열심히 거름을 내고 잡초 뽑고 해충을 잡는 것이 자신의 일이라는 것도 알고 있다.

주식농부가 되려면 열심히 기업과 소통하고 열심히 경제를 공부하고 담대한 마음으로 기다리는 것이 자신의 일이라는 걸 알아야 한다.

움직이는 것은 시장이 아니라
사람의 마음이다

주가는 항상 움직인다. 투자자들에게 소외되어서 아예 거래가 없는 주식이라면 몰라도 어느 정도 거래량이 있는 종목은 늘 조금씩 오르내린다. 워낙 일상적으로 보아온 현상이라서 그렇지 가만히 생각해보면 신기한 일이다. 주가는 기업가치에 대한 가격 매김인데, 하루아침에 기업의 가치가 달라지지는 않기 때문이다.

물론 하루하루가 모여 10년도 되고 100년도 되는 것은 사실이다. 하루하루를 잘 보낸 기업이 나중에 비약적인 성장을 하는 것도 사실이다. 그래도 투자자들이 그 미세한 변화까지 감지한다고 보기는 어렵다.

미세한 오르내림은 그래도 이해가 된다. 우리는 기업에 대한 가치 기준이 각자 다르다. 이것이 시장이 형성되는 이유이기도 하다. 모두가 동일한 기준을 갖고 있다면 시장은 형성되지 않을 것이다. 그런데 갑자기 특정 기업의 주가가 치솟을 때가 있다. 경기가 갑자기 좋아진다는 신호도 없고, 이 기업에 호재가 될 만한 일도 없다. 심지어 해당 기업에서 주가가 급등할 만한 내용이 없다고 공시하는 일까지 있다.

하락할 때도 비슷한 현상이 나타난다. 별 다른 이유도 없이 오르던 주가가 역시 별 다른 이유도 없이 갑자기 떨어지기 시작한다. 어제까지만 해도 못 사서 안달하던 주식이 오늘은 못 팔아서 안달하던 애물단지가 된다. 어떻게 해서 하루 전에만 해도 상한가를 달리던 주식이 하루아침에 하한가로 떨어질 수 있을까.

근본적인 원인은 주식투자를 단순히 유가증권을 사고판다는 개념으로 생각하고 있기 때문이다. 대리경영, 즉 자신의 사업체라고 생각한다면 이런 행동을 할 수 없다. 식당을 개업했다고 치자. 폭우가 내리는 날도 있고 폭설이 내리는 날도 있다. 너무 춥거나 너무 더울 때도 있다. 혹은 휴가철이라 도심을 떠난 사람이 많을 때도 있다. 이럴 때는 손님이 적기 마련이다. 그때마다 식당 문을 닫고 다른 자리에서 다른 음식을 팔아서야 되겠는가. 100% 망하는 길이다. 식당 문을 닫아야 할 때는 주방장의 솜씨가 형편없어서 한 번 먹어본 손님이 다시 오지 않을 때, 그래서 날씨에 상관없이 손님이 없을 경우다. 여기서 주방장은 우리가 '고용'하고 있는 기업의 경영자와 직원들이다.

사업을 한다는 마인드가 없으니까 회사의 내용을 정확하게 알아볼 생각을 하지 못한다. 기업의 주가가 내부적인 요인이 아니라 외부적인 요인에 의해 떨어진다면 이때야말로 헐값에 주식을 살 수 있는 기회다. 그런데 기업의 내용을 모르는 사람들, 주가가 왜 올라가고 내려가는지에 대한 근본적인 이해가 없는 사람들은 큰일 났다면서 매도를 한다. 회사에 문제가 있는 게 아니라면 '감사합니다' 하고 매수를 해야 하는 시점이라는 말이다.

결론은 마음이다. 기업은 그대로 있는데, 혹은 큰 변화 없이 예전에 가던 길을 가고 있는데 사람의 마음이 바뀌는 것이다. 이런 현상 때문에 주식투자를 심리게임이라고도 한다. 상당수 일반투자자들은 내 손에 돈이 들어온 것도 아닌데 주가가 오르면 술을 사면서 기분을 낸다. 반대로 떨어지면 담배를 자주 피우고 저녁에는 술을 마신다. 일희일비하면 매일 술 마실 일뿐이다.

나도 이런 마음의 장난에서 완전히 자유롭지는 않다. 어제는 비전이 좋아서 베팅을 했는데 오늘은 왠지 미심쩍은 마음이 들기도 하고 또 다른 기업의 주식이 좋아 보일 때도 있다. 세계경제에 무슨 일이 생긴 것도 아니고 기업의 공장에 불이 난 것도 아닌데 말이다. 다행히, 마음의 장난인 것을 알기 때문에 손바닥 뒤집듯 주식을 팔고 사지 않는다.

종종 '그렇게 많은 자금을 투자하면서 어떻게 그렇게 편안한 표정이냐는 질문을 받곤 한다. 나는 비교적 편안한 마음으로 투자를 한다. 물론 쉽게 한다는 뜻은 결코 아니다. 주가의 등락에도 담대한 편이다. 오랜 시간 동행을 해온 기업이기 때문에 믿음이 있다. 그래서 일희일비하지 않을 수 있다. 그럼에도 불구하고 조금씩은 흔들리는 모양이다. 아내는 나도 잘 모르는 내 마음을 정확하게 알아본다. 오래도록 살을 맞대고 살아서인지 내 얼굴만 보고도 시황을 알 수 있다고 한다.

현장을 방문하고 경영자를 만나고 직원들과 대화하는 나도 이런데 내용도 모르면서 무턱대고 투자한 사람들의 마음은 어떨까. 아마 하루에도 몇 번씩 천당과 지옥을 오갈 것 같다.

주가는 시장의 상황에 따라 혹은 원인을 알 수 없는 사람들의 심리에 따라 늘 오르내린다. 여기서 중심을 잡지 못하면 결국은 부화뇌동, 뇌동매매, 남 따라서 거름 지고 장에 가는 투자 방식을 벗어나지 못한다. 마음은 흔들릴 수 있다. 흔들리는 마음을 잡아주려면 기업을 알아야 한다. 내가 사업을 한다는 생각으로, 나와 함께 가는 기업이라는 생각으로, 나와 함께 성장하는 기업이라는 생각으로 주식투자를 해야 한다. 그렇지 않으면 실체가 없는 심리게임에 귀중한 자산을 잃기 십상이다.

주식은 노력한 만큼
얻는 사업이다

　내 사무실에는 화초들이 많다. 대부분 선물로 받은 것들인데 고맙게도 잘 자라주고 있다. 우리 직원이 각각의 화초에 맞게 적정한 양의 물을 주면서 잘 관리하는 것이 주된 원인인데, 여기서 숟가락 하나 올리고자 한다. 나는 저녁에 퇴근을 하면서 항상 화초들에게 인사를 한다.

　"우리 간다. 밤새 싸우지 말고 잘 지내. 내일 보자." 아침에 와서도 인사를 한다. "밤새 안 싸우고 잘 지냈니." 감수성 예민한 철부지 소녀 같다고 흉을 볼지 몰라도 나는 이렇게 인사를 하는 게 좋다. 그리고 내 관심 덕분에 더 잘 자라는 것 같기도 하다.

시골에서 농사를 짓는 어른들은 종종 '작물은 주인의 발자국 소리를 듣고 자란다'는 말씀을 하셨다. 정성을 기울인 만큼 소출로 보답을 한다는 뜻이다. 식물도 그렇고 사람도 그렇다. 관심을 기울인 만큼 풍성하게 자라고 사랑을 준 만큼 병치레 없이 건강하게 자란다. 사랑을 듬뿍 받으며 자란 사람은 자신감 있게 살아가고 사랑을 받지 못하고 자란 사람은 평생 사랑에 대한 갈증을 느끼며 왠지 모를 불안감을 가지고 산다. 무엇이든 사랑과 관심이 있어야 제대로 성장하는 것이다.

기업도 다르지 않다. '수고한다, 고맙다, 힘내라'라는 격려의 말을 하는 주주에게 '귀찮다. 모른 척해 달라'고 하는 직원은 없다. 있다면 당장 동행의 뜻을 거두어야 한다. 칭찬과 격려를 싫어하는 사람은 없다.

패션 사업을 하는 기업에 투자한 적이 있다. 지분이 5%를 넘었다. 닫힌 경영자, 자기 마음대로 하려는 경영자는 이런 경우 경계를 한다. 자신의 경영권을 넘본다고 여기는 것이다. 나는 경영권에는 관심이 없다. 내 사업 모토는 대리경영을 통해 기업 성장의 과실을 나눈다는 것이지 주식매입을 통해 경영권을 빼앗아오는 것이 아니다. 이 회사의 경영자는 내게 '고맙다, 기대에 어긋나지 않게 열심히 하겠다'고 했다. 많은 금액을 투자하기 이전부터 이 회사와 소통을 해왔다. 그래서 경영자의 뜻을 알고 있었고 경영자도 내 뜻을 알고 있었다.

사실 경영자의 자리는 꽤나 외로운 자리다. 그의 결정에 따라 회사의 운명이 달라진다. 그 무게를 아는 사람일수록 열심히 하지만 그 속에서 외로움을 느낄 수밖에 없다. 그런 사람에게 주주의 관심은 큰 힘이 될 수 있다. 인간은 사회적 동물이고 따라서 관심이 필요하다. 관심을 받고 지지를 받을수록 더욱 힘을 내는 존재가 사람이다. 오죽하면 사람은 자신을 알아주는 사람을 위해 죽는다는 말이 있을까.

'너희들이야 고생을 하건 말건 나는 돈만 벌고 빠지면 된다'는 태도로는 주식투자에 성공하기 어렵다. 설사 일부 수익을 낸다고 할지라도 한두 번에 그칠 가능성이 크고 의미 있는 돈도 아닌 것 같다.

나는 돈에도 귀천이 있다고 믿는다. 어떻게 쓰는가도 중요하지만 어떻게 벌었는가도 중요하다. 가치 있게 벌고 가치 있게 써야 우리 사회도 더 좋아진다고 믿고 있다. 소통과 격려는 주주로서의 권리이자 의무다. 회사의 주인이 돈만 벌면 된다고 생각하는데 어떤 동업자와 종업원이 신명을 바쳐 일을 하겠는가.

나는 대부분의 일반투자자들보다 주식과 경제에 관한 공부를 많이 했다. 연구소에도 있었고 증권사에도 있었고 투자자문사에서도 일했다. 증권시장에서 30여 년을 일해 왔다. 전문지식도 많고 아는 기업가도 많다. 그래도 대부분의 일반투자자들보다 더 많은 노력을 하고 있다고 자부한다.

새벽에 일어나 국내 증시는 물론이고 해외 증시의 추이를 관찰한다. 국내외의 정치, 경제, 문화의 변화를 읽으려 노력한다. 동행하는 기업의 현장이 지방에 있으면 내려가서 본다. 한 번으로 부족하면 몇 번이고 내려가서 현장의 직원들을 만난다.

세상에 공짜는 없다. 요행도 한두 번이다. 열심히 소통하고 열심히 공부해야 한다. 매시간 시황을 살피면서 의미 없는 시간을 보내기보다 그 시간에 책을 읽는 것이 백 번 낫다. 주식 관련 강연을 들으면서 강사의 철학에는 관심도 없고 뒤쫓아가서 어떤 종목이 좋으냐고 끈질기게 묻는 사람들이 많다. 강연을 듣는 것은 바람직하다. 다만 그의 투자 철학을 배워야지 종목에만 관심을 가져서는 안된다. 차라리 그 시간에 내가 투자한, 앞으로 투자할 기업을 방문해보라. 그 편이 투자 성공의 확률을 더욱 높여줄 것이다.

농작물이 주인의 발자국 소리를 듣고 자란다는 말처럼 기업도 주주들의 발자국 소리를 듣고 자란다. 그리고 독자들의 자금 역시 주인의 발자국 소리를 듣고 자란다. 밭에는 가지 않고 골방에서 시황만 바라보고 있는 농부, 김은 매지 않고 멀리 유명한 농부만 찾아

다니는 농부가 풍성한 가을을 맞이하기는 어렵다. 남들보다 2배의 수익을 거두고 싶다면 2배 이상 노력해야 하고 10배의 수익을 거두고 싶다면 10배 이상의 노력을 해야 한다. 그것이 주식시장의 이치이면서 동시에 세상의 이치다.

올바른 마음으로
크게 생각하라

유명 연예인이 주식시장의 화제로 떠오른 적이 있다. 그는 소속사의 지분을 13%까지 소유하고 있는 최대주주였다. 소속 연예인이 2명밖에 되지 않았기 때문에 투자자들은 그 연예인을 곧 회사로 생각했다. 600원대였던 주식이 대량거래가 수반되면서 5개월 만에 연중 최고가인 1,700원대까지 튀어 올랐다. 276% 급등한 것이다. 그 사이 그 연예인은 슬슬 주식을 팔고 있었고 주가가 400원대로 급락했을 때는 지분이 0%로 바뀌었다.

'놀라운 일'은 주식을 전량 매각하기 전에 전환사채 발행 등을 통해 약 35억 원을 조달했다는 사실이다. 지분은 줄이면서 증자에 나선 것이다. 증권가에서는 해당 연예인이 지분을 처분한 뒤에 증자를 시도했다면 불가능했을 것이라는 이야기가 돌았다. 구체적인 사실 관계를 알 수 없지만 뭔가 미심쩍은 느낌을 지울 수 없다.

이처럼 주식시장에는 남이야 어떻게 되든, 기업이야 어떻게 되든 나만 벌면 그만이라고 생각하고 실제로 행동에 옮기는 사람들이 있다. 그들 중 일부는 헛소문을 내거나 허수주문을 내는 방법 등으로 주가를 혼란스럽게 해 이익을 취하곤 한다. 남의 집 곶감 빼먹듯이 영악하게 먹고 튀면 선량한 투자자 또는 부화뇌동하는 투자자들은 피해를 본다. 주가가 실질적인 이유 없이 흔들리면 기업 입장에서도 좋을 게 없다. 나는 이 책을 읽는 독자들이 자본시장을 혼탁하게 만드는 투자자가 되지 않기를, 더불어 그들의 피해자가 되지 않기를 간절하게 바란다.

내 계좌에는 현금이 쌓일 틈이 없다. 늘 가진 자산의 대부분을 투자해왔다. 이유는 간단하다. 투자하고 싶은 기업이 많기도 하지만 내 직업이 투자가이기 때문이다.

"돈도 충분히 많은데 일부만 투자하고 있다가 크게 빠질 때 들어가는 게 안전하고 돈도 더 많이 벌 수 있지 않아요?"

걱정을 해주는 건 알겠지만 내 철학과 다르다. 사실과도 다르다. 내가 생각하는 투자가란 기업에 돈을 투자해주고 함께 성장하는 사람이다. 직업이 투자가인 사람이 시장이 어렵다고, 증시가 안 좋다고 투자를 하지 않으면 백수나 다름없다. 나는 투자가니까 어려울수록 더 투자해주어야 한다. 둘러가는 길이고 미련하다고 할 수 있겠지만 나는 이것이 주식투자의 왕도라고 믿고 있다.

20여 년 전의 실패와 그동안의 성공이 나의 믿음이 옳다는 것을 증명해주었다. 사회에 꼭 필요한 기업이 제 가치를 인정받을 수 있게 도와주는 것, 그 기업의 내부 역량을 쌓아 성과를 낼 때까지 기다려주는 것, 나 하나만이 아니라 전체를 생각하는 것 그리고 끊임없이 소통하는 것이 내가 추구하는 투자이고 주식농부의 투자법이다. 이런 마인드가 나를 부자로 만들었고 떳떳하게 해주었다. 그냥 돈만 많은 인생은 별로다.

본업을 가진 일반투자자가 전업투자가인 나처럼 투자할 필요는 없다. 하지만 돈만 벌면 된다는 생각으로 투자하지는 않았으면 좋겠다. 주식투자는 우리 삶의 터전인 기업에 투자하는 의미 있고 가치 있는 일이라는 인식을 가졌으면 좋겠다. 내가 투자한 자금이 공장의 볼트가 되고 또 다른 누군가가 투자한 자금이 공장의 너트가 되어서 제품을 생산한다. 그 제품이 사람들의 생활을 윤택하게 해준다. 그 대가로 받은 돈으로 월급을 주고 세금을 낸다. 투자는 그런 일이다. 우리 사회에 기여한다는 생각을 가지고 투자하면 자부심과 긍지를 가질 수 있다. 그러면 쉽게 사고팔고 하지 못한다. 그 덕분에 투자에서 성공할 가능성도 높아진다.

너무 이상적인 것 아니냐고 하지만 절대 그렇지 않다. 나는 농부가 먹는 사람의 만족을 생각하며 농사를 짓듯 우리 삶의 터전인 기업에 도움을 준다는 마음으로 투자를 해왔다. 어려울 때는 기업을 도와준다는 생각으로, 좋을 때는 투자자들과 조금은 나눈다는 생각으로. 그 결과 지금은 50여 개 기업의 주인으로서 경제적으로 자유롭게 살고 있다.

농부의 마음으로 자부심과 긍지를 가지고 투자하니 하루하루가 즐겁고 행복했다. 이런 환경을 만들어준 기업인들에게는 항상 고마움을 느끼며 투자해왔다. 때로는 미안함도 가졌다. 기업인들은 좋든 싫든 지속적으로 그 기업과 함께 가야 하지만 투자자들은 언제든지 약간의 수수료와 거래세를 부담하면 더 유망한 기업을 찾아 투자할 수 있기 때문이다. 이러한 주식투자자가 갖는 이점 때문에 기업인의 입장에서 생각하며 투자하고 상생하려고 노력해왔다.

올바른 투자관을 가지고 투자하는 것이 투자 성공의 지름길이다. 올바른 투자관을 갖지 않고 주식시장을 단순히 돈 놓고 돈 먹는 머니게임장으로 인식하면 공포와 탐욕을 다스릴 수 없다. '쌀 때 사서 비쌀 때 파는' 기본적인 원칙조차도 지키지 못하게 된다.

8장

주식농부가 제안하는
농심투자의 원칙

자본시장이 당신의 희망이다

여전히 자본시장이 여러분의 희망이라는 명제는 낯설 것이다. 신자유주의에 기반한 자본주의는 서민들의 가벼운 지갑까지 털어가는 악랄한 무엇이라고 생각하기도 할 것이다. 자본주의는 완벽한 제도가 아니다. 거기에서 비롯되는 부작용을 감싸는 따뜻한 자본주의로 가야 한다는 데는 나도 동의한다. 따뜻한 자본주의로 가는 과정이든, 간 이후이든 우리는 자본주의사회에서 살 것이다. 그러므로 최소한 돈과 관련된 희망은 자본주의에서 찾아야 한다.

정년이 보장되었던 시절, 열심히 그리고 검소하게 살면 노후가 걱정 없던 시절, 부모를 봉양하는 것을 당연하게 여기던 시절이라면 투자를 하든 하지 않든 선택의 문제일 수 있었다. 가계의 부와 기업의 부가 비슷하게 성장하던 시기라면 이 역시 투자는 선택의 문제일 수 있었다. 그러나 지금은 다르다. 일할 수 있는 기간은 짧아지고 노후는 길어졌다. 부모 봉양은커녕 성인이 된 자녀를 봉양하는 부모가 더 많은 것 같기도 하다.

돈이 기업으로 몰리고 있다. 앞으로 벌 돈과 쓸 돈을 계산하고 소득 없이 보내야 하는 긴 노후에 쓸 돈까지 계산했을 때 만족할 만한 수준의 계획이 나온다면, 부자가 되기 위한 노력 따위 하고 싶지 않다면 할 말은 없다.

그러나 만족할 만한 계획이 서지 않는다면 길을 찾아야 한다. 선택의 문제가 아니라 반드시 해야 하는 것이라면, 단기간이 아니라 평생 투자자로서 살아야 한다면 자본시장을 대하는 태도가 달라질 수밖에 없다. 돈이 될까 싶어 그냥 한번 해보는 사람과 수업료를 치르더라도 어쨌든 투자를 해야 한다는 것을 아는 사람의 차이는 크다.

당신의 돈은 좀 더 효율적이고 효과적으로 일해야 한다. 지금 가장 효율적이고 효과적으로 돈을 버는 곳은 기업이다. 그렇다면 당신의 돈이 일할 곳은 정해져 있다. 바로 기업이다. 그렇다고 모든 기업이 효과적이고 효율적으로 돈을 버는 것은 아니다. 제대로 일하게 하면 자본시장은 당신의 희망이 되지만 어설프게 뛰어들면 악몽이 된다. 돈이 당신의 일꾼이라는 것을 알았다면, 돈을 당신의 일꾼으로 쓰겠다고 선택했다면 투자하지 않고 지냈던 시간이 억울하더라도 서두르지 말아야 한다. 서두르지 않아도 우리의 투자를 기다리는 기업들은 늘 거기에 있다.

이제 자본주의에 이리 치이고 저리 치이며 사는 인생이 아니라 자본주의를 잘 이용하는 인생을 살기 바란다. 그러자면 뭘 좀 알아야 하고 깊이 공부해야 한다.

그래도 삶은 지속된다

뭔가 위기의 징후가 나타나면 이번에는 다를 것 같다. 도저히 이겨낼 수 없는 재앙인 것처럼 보인다. 지나간 경제 기사를 뒤져보면 위기, 불안, 우려 등의 제목이 달린 기사가 압도적으로 많다. 그래도 우리는 여기까지 왔다. 과거의 위기가 오늘까지 오는 데 과정이었다면 오늘의 위기도 미래로 가는 과정이다. 이렇게 우리의 삶은 지속된다.

그러니 위기가 온다고 할 때마다(거의 매주 오는 것 같기도 하다) 불안해할 필요가 없다. 딱 올해까지만 투자를 하고 내년부터는 하지 않을 거라면 몰라도 노후에도 기업과 동행하는 삶을 살 거라면 담담하게 출렁이는 파도를 지켜볼 수 있다. 단순히 지켜만 보는 게 아니라 즐길 수 있다. 하나의 기업에 최소한 4~5년을 투자한다면 사람들이 재앙이라고 하는 파도가 잔물결처럼 보일 것이다.

오늘은 몇 개의 기업을 보았는가

많은 사람들이 투자할 기업을 너무 어렵게 찾으려고 한다. 또는 너무 쉽게 찾으려 한다. 어렵게 찾으려고 하는 사람들은 성공적인 투자를 하려면 뭔가 특별한 노하우가 있어야 한다고 생각하는 것 같다. 이렇게 생각하면 평생 투자할 기업을 찾지 못할지도 모른다. 너무 쉽게 찾으려는 사람들은 HTS에서 찾는다. 이평선, 신고가, 볼린저 밴드 등 주가와 거래량의 지표만으로 투자할 기업을 고른다. 기업이라는 실체의 그림자를 보고 투자하는 것이니 불안이 떠나지 않는다.

관심을 가지지 않으면, 알지 못하면 눈앞에 있어도 보지 못하는 것이 사람이다. 기업은 우리 삶의 터전이다. 기업에서 생산된 제품들이 우리의 생활 기반을 만들어준다. 기업이 만든 아파트에서 잠을 자고 기업이 만든 옷을 입고 기업이 만든 차를 타고 기업으로 출근을 한다. 아파트 하나에만도 건설사가 있고 콘크리트 생산 기업이 있고 철근을 생산하는 기업이 있고 승강기를 만드는 기업이 있고 승강기를 지탱하는 와이어를 만드는 기업이 있다. 세부적으로 들어가면 얼마든지 많다.

투자는 새로운 세계로 가야 하는 것이 아니다. 늘 우리 주변에 있었는데도 우리가 알지 못해서, 관심을 가지지 않아서, 습관적으로 지나쳐서 보지 못한 일상의 물건들에서 투자의 기회는 발견된다. 작정하고 찾기 시작한다면 하루에만도 상장사의 숫자보다 더 많은 기업을 발견할 수 있다. 그것들이 연결되어 있는 끈을 발견한다면 그것이 바로 투자의 기회다.

이 책의 구성 요소는 무엇인가? 이 책이 만들어지기까지 어떤 기업들이 연관되어 있는가? 종이, 잉크, 인쇄, 서점, 출판사 등이 있다. 이런 식으로 기업을 찾아나가면 투자의 기회는 바로 당신 등 뒤에 있다.

덧붙여, 주식과 관련한 말을 바꾸어보기를 권한다. 나 역시 편의상 주식투자라고 하지만 '기업에 대한 투자'가 올바른 표현이다.

종목을 발굴하는 게 아니라 '동행할 기업을 찾는다'는 것이 사실에 가까운 표현이다. 말이 바뀌면 생각이 바뀐다. 투자에 대한 잘못된 생각을 바꿔야 성공적인 투자를 할 수 있다.

기업의 존재 이유는
삶의 터전을 제공하는 것이다

기업의 존재 이유는 우리가 생활하는 데 필요한 것들을 제공하는 데 있다. 이윤은 필요한 것들을 잘 만들어서 잘 판매한 대가이다. 어떤 기업이 생산한 제품이 정말 품질도 좋고 가격이 저렴하더라도 우리가 더 이상 필요로 하지 않으면, 필요로 하는 사람이 점점 줄어들고 있다면 투자하기 좋은 기업은 아니다. 정말 디자인이 예쁘고 성능이 뛰어난 무선호출기를 만들어봐야 아무도 사지 않는다. 제아무리 물건을 잘 만들어도 업종 자체가 사양길에 접어들고 있다면 달리 방법이 없다.

직업이 사라지듯이 업종도 시간이 지나면 사라진다. 철보다 강하고 가격도 저렴한 어떤 물질이 개발된다면 철강업은 사라질 것이다. 그러나 그것은 먼 미래의 일이다. 투자자에게 필요한 미래는 향후 5년 정도다. 5년 후에도 여전히 우리 사회가 필요로 하는 물건을 만들고 있는가.

단순히 상상만으로 '이게 어디 가겠어?'라고 판단하지 말고 전문가들의 견해를 들어보아야 한다. 본인이 해당 업종에서 일하고 있거나 투자자가 되기 전에도 관심이 있던 분야면 좋다. 그러면 해당 업종이 어떻게 돌아가는지 알기 쉽고 개별 기업의 장점과 단점도 파악하기 쉽다. 해당 업종과 개별 기업을 명쾌하게 이해한다면 투자할 기업의 현재와 미래를 내다볼 수 있다. 투자자에게 이보다 더 중요한 정보는 없다.

손바닥 보듯이
단순하고 훤하게 보여야 한다

'최근 BW를 발행한 적이 있다. 작년에 비해 재고자산이 늘었다. 매출은 늘었는데 이익은 줄었다. 자회사가 많다.'

하나든 둘이든 전부든 기업을 알아가는 과정에서 이와 같은 사실을 발견했다면 긍정적인 신호일까, 부정적인 신호일까? 이것만 가지고는 판단할 수 없다. 잦은 BW 발행은 위험한 신호임에 분명하다. 그러나 사업확장을 위한 것이고 그것이 타당하다면 좋은 신호다. 올해 팔아야 할 것을 팔지 못해도 재고자산이 증가하지만 내년에 많이 팔릴 것을 대비할 때도 재고자산은 증가한다.

기술개발에 자금을 투자하면 이익은 줄어든다. 원자재 가격이 상승해도 그렇다. 장사가 되지 않아서 헐값에 넘겨도 이익은 줄어든다. 이 역시 이것만 봐서는 알 수 없다. 부실한 자회사가 끼어 있으면 위험이 늘어나지만 튼실한 자회사들이고 모회사와의 관계가 투명하다면 문제가 되지 않는다. 단편적인 사실 하나로 좋고 나쁨을 판단할 수 없다.

기업에 대한 공부는 어느 수준까지 해야 하는가. 남들은 너무 복잡하다고 하는 것을 아주 간결한 수준까지 공부하면 된다. 그래야만 해당 기업의 가치를 제대로 판단할 수 있다. 그리고 소문에, 외부적인 요인에 흔들리지 않는다. 호재와 악재도 단번에 구별해낼 수 있다.

돈을 투자하기 전에 먼저 시간과 에너지를 투자해야 한다. 공시를 꼼꼼하게 읽고 몇 년 치 재무제표를 펴놓고 경쟁업체와도 비교해야 한다. 애널리스트의 평가가 어떤지도 봐야 한다. 수학공부를 열심히 한 학생에게 미적분은 간단한 문제이지만 수학을 포기한 학생에게 미적분은 암호문이다. 해당 기업에 암호가 남아 있다면 아직은 투자할 때가 아니다.

신뢰할 수 있는 경영자를 선택하라

　일상생활에서 만나면 기업의 경영자는 직장인인 여러분에게 갑으로 나타날 수 있다. 그러나 투자자일 때는 여러분이 갑이다. 동업자를 구하고 해고하는 모든 결정권은 투자자에게 있다. 결정권을 가진 사람으로서의 여유를 마음껏 누려보시라.

　우리는 그가 경영자의 자리에 앉은 이후의 성적표를 재무제표와 공시, 그리고 뉴스를 통해 볼 수 있다. 그의 과거 행적을 찾아볼 수도 있고 주총에서의 태도를 보고, 배당 정책을 보고 동업자인 우리를 어떻게 생각하는지 알 수 있다. 마음에 들지 않으면 아예 동업자로 선택하지 않을 수 있고 선택했더라도 언제든지 동업자 자리에서 해고할 수 있다.

　한 기업에서 경영자의 자리는 너무나 중요하다. 무능한 경영자, 잘못된 결정을 내리는 경영자는 우량한 기업을 몇 년 이내에 부실한 기업으로 만든다. 부도덕한 경영자는 동업자인 주주들의 재산을 빼돌린다. 경영자의 정체가 사기꾼인지, 무능력자인지, 기업가 정신을 가진 사람인지 모르고 투자를 한다면 동업이 아니다. 위험하고 무모한 도박일 뿐이다.

사실과 기대를 구별하라

우리는 도인이 아니다. 여러분은 투자를 하는 동안 흔들릴 것이다. 이 사실을 미리 아는 것이 중요하다. 불안과 공포 그리고 탐욕은 수시로 문을 두드릴 것이다. 관심을 가졌던 다른 기업의 주가가 상승하면 투자를 철회하고 싶을 것이다. 오랜 공부와 동행을 통해 기업과 경영자에 대해 신뢰를 하더라도 내적, 외적 악재가 터지면 의심이 생길 수 있다. 의심이 불안으로 바뀌면, 머지않아 매도 버튼을 누르고 있는 자신을 발견하게 될 것이다. 아직 신뢰할 수 있음은 어떻게 판단하는가? 무엇 때문에 투자를 결정했는지 살펴보면 된다. 해당 기업과 동행하기로 했을 때, 신뢰를 준 요인들이 있을 것이다(없다면 투기를 한 것이다). 그것들이 그대로 유지되고 있다면 다시 신뢰를 주어도 된다. 어떤 신뢰의 요소가 없어졌다면 판단을 다시 해야 한다.

이때 우리는 사실과 기대를 구별할 수 있어야 한다. 예를 들어 3년 동안 투자를 했고 현재 일정 부분 손실이 발생해 있다. 3년 동안의 기회비용과 손실이 판단력을 흐리게 할 수 있다. 냉정하게, 마치 아직 투자하지 않은 기업을 보는 것처럼 상황을 판단해야 한다. 분명 좋지 않은 상황인데도 '동업자가 알아서 하겠지'라고 생각하는 것은 주인의 자리를 내주는 것이다.

동행할 기업 5개면
노후가 편안하다

우리는 노후를 위해서 살지 않는다. 언제나 현재의 삶이 가장 중요하다. 그러나 미래가 불안하다면 현재의 삶도 안전할 수 없다. 노후에 대한 대비는 그날이 현재가 되었을 때도 유용하지만 현재를 행복하게 살기 위해서도 필요하다는 것이다.

행복한 노후의 조건은 무엇인가? 각자 기준은 다를 것이다. 아직 노후를 겪어보지 못했으니 확실하게 알 수는 없지만 내 기준으로 보면 우선 외롭지 않아야 할 것 같다. 혼자 있어도 외롭지 않은 경지에 이르렀다면 몰라도 주위에 대화를 나누고 온기를 나눌 사람이 있어야 한다. 가깝게는 가족과 오랜 벗이 있어야 하고 동호회 같은 사회적 관계가 있으면 더욱 좋겠다.

건강을 빼놓을 수 없다. 질병의 고통에 시달리고 혼자서는 집 밖에 나가기도 힘들고 맛있는 걸 먹어도 맛있는 줄 모른다면 행복하고는 거리가 있는 것 같다. 노후의 건강은 지금부터 잘 관리해야 하지만 어떻게 하든 현대의학의 힘을 빌려야 한다.

가족, 친구, 사회적 관계, 건강, 이 모든 행복한 노후의 조건을 유지하려면 돈이 있어야 한다. 돈이 있다고 반드시 노후가 행복하다고 말할 수는 없다. 그러나 돈이 없으면 이 조건들을 유지하기 어렵다. 그래서 나는 행복한 노후의 조건에 5개 기업과의 동행을 추가해야 한다고 말한다. 이 기업들과 동행하면서 성장의 과실을 공유한다면 행복한 노후의 전제 조건은 갖출 수 있다. 불안한 노후 말고 기대되는 노후가 있다면 현재의 삶도 좀 더 행복에 가까워지리라 생각한다. 자본시장을 희망의 도구로 이용할 수 있기를 바란다.

주식농부가 바라는 세상

주식시장에 뛰어든 지 30년이 넘었다. 그 시간 동안 단련해온 주식농부로서의 투자 철학을 다시 한 번 정리하고 이를 다른 사람들과 나누고 싶었다. 책을 쓰게 된 이유다.

앞에서 개인투자자들의 투자 문화에 대한 안타까움을 말했다. 그것으로 끝내면 뭔가 억울한 느낌이 드는 투자자가 많을 것이다. 투자 문화와 함께 꼭 이야기되어야 할 것이 투자 환경이다.

투기적 문화가 횡행하는 데는 개인들의 잘못된 인식 탓도 있지만 지배주주들의 잘못도 크다. 자신들의 이익을 위해 투자자를 이용해왔기 때문이다. 상장할 때는 주주를 위해서, 기업의 성장을 위해서 노력할 것처럼 해놓고 이후에는 자기 이익을 위해 최선을 다하는 지배주주가 적지 않다. 그러다 나이가 들어가면 기업의 성장을 위한 경영이 아니라 상속을 위한 경영을 한다. 그 결과 우리 자본시장은 역동적인 투전판처럼 되어버렸다.

그럼에도 불구하고 소통하고 동행하는 투자를 통해 기업의 성장을, 성과를 공유할 수 있다. 하지만 투자 환경이 개선된다면 지금보다 훨씬 더 안정적이고 장기적인 투자를 해줄 수 있다. 신뢰와 상생의 투자 문화가 만들어질 수 있다. 자본시장이 서민의 '안정적인 희망'이 될 수 있다.

선의에 기대봐야, 도덕에 호소해봐야 달라질 것은 없다. 투자 환경을 바꾸려면 제도를 바꿔야 한다. 이 책을 내고 10년이 다 되어서 바꾸어야 할 제도만으로 한 권의 책을 썼다. 자세한 것은《주식회사의 약속》이라는 책을 읽어주시고, 여기서는 딱 세 가지만 말해보겠다.

첫째는 배당정책이다.

상당수 기업의 배당성향은 턱없이 낮다. 주주들에게 주지 않은 돈은 '위기에 대비한 유보금'이라는 명목으로 기업의 곳간에 쌓아두고 있다. 유보금은 자사주를 사는 데 쓰이고 이후에 지배주주의 지분을 늘리는 데 사용되기도 한다. 이런 편법이 불가능하도록 법이 만들어져야 한다.

한편으로는 지배주주가 배당성향을 높이는 유인책도 필요하다. 사실 배당금은 기업이 장사를 해서 번 돈 중 인건비를 포함한 모든 비용을 제하고 세금까지 내고 남은 돈 중 일부를 주주들에게 주는 것이다. 그런데 배당에도 세금을 부과한다. 이미 세금을 부과한 돈에 또 세금을 부과하는 것이다. 불합리하다. 지배주주가 배당을 통해서 성과를 공유할 수 있는 환경을 만들어줘야 한다. 배당소득 분리 과세를 확대해야 한다.

두 번째는 역시 상속증여 문제다. 자기가 번 돈을 자식에게 물려줄 때 최소한의 상속증여세만 내고 싶은 것이 사람의 마음이다. 마음이 그렇다고 해서 그대로 용인해주면 사회가 돌아가지 않는다. 특히 주식회사의 경우 나머지 주주들의 피해가 발생한다.

현재 상속증여세는 시가총액이 기준이다. 세금을 적게 내려면 주가를 낮추면 된다. 주가를 낮출 수 있는 경영자의 수단은 무궁무진하다. 그래서 매년 상당한 액수의 이익을 내는 기업 중에서도 PBR(주가순자산비율, 주가를 주당순자산으로 나눈 비율)이 1배 이하인 경우가 많다. 주가가 기업이 가진 자산보다 낮게 거래되고 있는 것이다. 이런 편법을 막으려면 최소한 상속증여 때는 순자산가치로 평가해야 한다. 지배주주가 자식 사랑을 실천하는 동안 다른 주주들은 피눈물을 흘린다.

세 번째는 범죄자에 대한 처벌이다. 우리나라는 화이트컬러 범죄에 대해 참 관대하다. 빵을 훔친 자는 실형을 살고 수십, 수백억 원의 회삿돈을 훔친 사람은 집행유예를 받는 경우를 흔히 본다. 그러고도 실질적인 경영자 자리를 유지한다. 횡령을 했다면 지분율이 얼마든 의결권을 박탈하는 법안은 불가능한가. 수십억 횡령하다가 수천억 원짜리 기업을 잃을 수도 있다는 경각심을 주는 것은 불가능한가.

이 외에도 많다. 능력이 검증되지 않은 2세, 3세 경영, 손만 잘 들어도 월급을 받는 거수기 사외이사, 도대체 누구를 위해, 무엇을 위해 존재하는지 모르는 공매도, 고객들에 대한 서비스보다 수수료에 골몰하는 증권사, 건전한 투자 문화를 선도하고 주주권을 적극적으로 행사해서 기업의 가치를 증대시켜야 하는데 시세차익만 생각하는 기관투자자, 그리고 부화뇌동하라고 부화뇌동하는 언론까지.

그냥 바뀌지 않는다. 바뀌어야 할 것이 스스로 바뀌는 경우는 없다. 때때로 어떤 사건이 일어날 때 여론의 집중포화를 받는 경우가 있다. 그러면 국회는 부랴부랴 법안을 마련한다. 주식시장도 다르지 않다. 더 많은 사람들이 자본시장을 이해해야 한다. 횡령 사건이 발생했을 때 전 국민적인 분노가 터져 나와야 한다. 그러면 바뀐다.

단기간에 바뀔 리 없다. 개선되었다가도 관심을 가지지 않으면 후퇴한다. 우리나라 주식시장이 꾸준히 성장하고 그렇게 성장한 자본이 새로운 기업을 성장시키고 그런 기업이 일자리를 만들어내는 선순환을 상상한다. 그러자면 미래세대 역시 자본시장을 이해하고 활용할 수 있도록 해야 한다. 오래도록 밥상머리 경제 교육을 강조하는 이유다. 학교 공부도 중요하지만 자본주의에서 잘 살기 위해서는 자본주의에 대한 올바르고 깊이 있는 이해가 있어야 한다.

경제 공부에 주식만큼 좋은 교과서는 없다. 돌잔치 때 받은 금반지, 명절에 받는 용돈, 조금 줄인 사교육비로 자녀 명의의 계좌를 개설해 투자한 기업에 대한 대화를 나눈다면 더할 나위 없는 경제교육이다. 물론 그 전에 부모가 먼저 공부가 되어 있어야 한다. 그러고서 함께 더 배워 나가면 된다.

더불어 나는 초중고의 교과목에 투자경제교육을 넣었으면 좋겠다. 혹자는 애들한테 무슨 투자 교육이냐고 할지 모른다. 하지만 우리 모두는 자본주의사회에 살고 있다. 지금 초등학교 1학년이 마흔 살이 되어도 자본주의사회에서 살 것이다. 평생 자본주의사회에서 살아갈 아이들에게 자본주의의 꽃인 주식시장을 가르치지 않는 것이 오히려 이상하다. 민주주의사회에 사는 사람이 민주주의를 배워야 하듯이 자본주의사회에 사는 사람은 자본주의를 배워야 한다.

의무교육이니까 투자경제교육을 '의무적으로' 가르쳐야 한다. 투자에 대한 지식은 자본주의사회에 사는 사람들의 기본적이 소양이 되어야 한다. 투자 문맹, 금융 문맹이 없어지면 우리 자본시장은 더욱 튼튼해질 것이다. 이를 바탕으로 기업은 성장할 것이다.

이 책을 쓰는 내내 '나와 같은 주식농부들이 많아졌으면 좋겠다'는 바람을 가졌다. 어수룩하고 미련해 보이는 투자법이지만 나는 농부처럼 투자를 해서 현재의 풍요를 누리고 있다. 올바른 주식투자는 내가 얻을 때 다른 사람이 잃는 게임이 아니다. 모두가 얻을 수 있는 게임이 될 수 있다. 투자자들이 기업에 장기투자를 하면 기업은 안정적인 자금을 바탕으로 성장하고 그 성장의 열매를 함께 나누자는 것이다.

내가 생각하는 주식투자는 농사다. 농부처럼 부지런하고 우직하게 투자를 하면 누구나 풍성한 수확을 할 수 있다. 나는 독자들이 이 책을 읽고 농부의 마음으로 공부하고, 농부의 마음으로 주식투자를 하기 바란다. 그리고 부자가 되기를, 우리나라 경제성장에 기여한 부자가 되기를 바란다.

주식
농부처럼 투자하라

초판 1쇄 발행 2021년 6월 28일
초판 2쇄 발행 2021년 10월 29일

지은이   박영옥
펴낸이   김남길
펴낸곳   프레너미
등록번호   제387-251002015000054호
등록일자   2015년 6월 22일
주소   경기도 부천시 소향로 181, 101동 704호
전화   070-8817-5359
팩스   02-6919-1444

프레너미는 친구를 뜻하는 "프렌드(friend)"와 적(敵)을 의미하는 "에너미(enemy)"를 결합해 만든 말입니다.
급변하는 세상속에서 저자, 출판사 그리고 콘텐츠를 만들고 소비하는 모든 주체가 서로 협업하고 공유하고 경쟁해야 한다는
뜻을 가지고 있습니다.
프레너미는 독자를 위한 책, 독자가 원하는 책, 독자가 읽으면 유익한 책을 만듭니다.
프레너미는 독자 여러분의 책에 관한 제안, 의견, 원고를 소중히 생각합니다.
다양한 제안이나 원고를 책으로 엮기 원하시는 분은 frenemy01@naver.com으로 보내주세요.
원고가 책으로 엮이고 독자에게 알려져 빛날 수 있게 되기를 희망합니다.